두드리면 열리는

미술치료

김예슬 · 박성매 · 오소정 · 조연수

창지사

“마음의 문을 두드리고 열어 보세요.”

『두드리면 열리는 미술치료』는 마음속 이야기를 궁금해 하는 사람들에게
내면세계로의 여행을 도와줄 길잡이가 될 것입니다.

저자들은 한국에 미술치료가 소개된 초창기부터 미술치료의 매력에 빠져 임상 현장과 교육현장에서 활발한 활동을 꾸준하게 이어 오며 미술치료의 영역이 자리를 잡고 발전해 가는 모습을 기쁜 마음으로 지켜보았습니다. 이제는 미술치료의 대중적인 인지도도 높아졌고 많은 미술치료사가 배출되었으며 다양한 미술치료 관련 서적이 출판되고 있습니다. 그러나 현장에서 만나는 후배 미술치료사들은 실제 임상 장면에 쉽게 적용하고 응용할 수 있는 전문적인 미술치료 안내서가 부족함을 이야기하고 있습니다. 그들은 대상의 특성에 따라 미술 매체를 적용하는 방법이나 새로운 매체의 개발, 집단프로그램을 계획하고 기관에 제출할 보고서를 쓰는 방법에 대해서 고민하며 적절한 지침서를 찾고 있었습니다.

이러한 욕구에 힘입어 4명의 전문미술심리치료사가 미술치료를 공부하는 후배들에게 임상현장에서의 어려움을 극복하고 구체적이고 실질적인 도움이 되는 교재를 집필하고자 하는데 마음을 모으게 되었습니다.

저자들은 본서를 집필하는 모든 과정을 함께하며 오랜 시간 축적된 각자의 현장 경험을 기반으로 미술치료사에게 필요한 정보와 지식을 전달하고자 노력하였습니다. 새롭게 개발된 다양한 매체와 프로그램을 소개하고 치료 상황에서 내담자 관찰사항과 통찰을 이끌어내는 질문들을 제시함으로써 치료의 흐름을 체계적으로 이해하고 적용하는 데 도움을 주고자 하였습니다.

본서의 내용은 ‘1st 두드림’으로 시작하여 총 ‘5th 두드림’으로 구성되어 있습니다. ‘1st 두드림’은 미술과 미술치료를 전반적으로 이해할 수 있도록 워크북 페이지를

첨가하여 직접 미술과 미술치료의 연관성을 체험할 수 있도록 하였습니다. 더불어 미술치료의 기원과 정의, 미술치료의 장점과 특성, 미술치료사가 가져야 하는 기본 자세에 대해 다루었습니다.

'2nd 두드림'에서는 집단미술치료의 정의와 목적을 언급하였고 집단미술치료의 장점과 치료적 요인에 대해 기술하였습니다. 또한, 집단미술치료의 회기 과정을 이완/탐색, 표출/발산, 통합/종결의 단계로 나누어 설명함으로써 4th에 제시될 치료 단계별 매체적용과 연결하여 쉽게 이해할 수 있도록 구성하였습니다.

'3rd 두드림'에서는 기본적인 상담이론과 상담이론에 근거한 미술치료 및 기법을 다룸으로써 실제 임상현장에서 사용되어지는 기법을 이론에 따라 이해하고 적용할 수 있도록 하였습니다.

'4th 두드림'에서는 다양한 매체를 활용하여 적용할 수 있는 프로그램을 치료 단계별(이완/탐색, 표출/발산, 통합/종결)로 나누어 주제, 목표, 대상, 진행 과정을 상세하게 설명하고 응용할 수 있는 방법을 제시하였습니다. 또한, 치료 상황 안에서 관찰되어야 할 사항과 내담자로부터 통찰을 이끌어 내는 질문들을 제시함으로써 치료의 질을 높이는 데 실질적인 도움을 주고자 하였습니다.

마지막 '5th 두드림'에서는 실제 진행된 집단미술치료 프로그램을 대상별로 나누어 사례를 소개하고 다양한 기관에서 제시하는 형식의 계획서와 회기 보고서를 예로 제시함으로써 집단미술치료 전 과정의 흐름에 대한 이해를 돕고자 하였습니다.

탈고를 하면서 아쉬움도 남지만 애정과 정성을 담아 집필한 『두드리면 열리는 미술치료』가 미술치료사의 길을 함께 걷는 이들에게 적극적으로 활용되는 지침서가 되기를 바랍니다. 또한, 미술치료에 관심을 갖고 있는 모든 사람들이 궁금증을 가지고 두드리면 미술치료의 길이 열리는 좋은 안내서가 되기를 희망합니다.

끝으로 『두드리면 열리는 미술치료』가 탄생하기까지 출판에 도움을 주신 창지사와 편집부 여러분에게 감사드립니다.

2017년 6월

저자 일동

2. 탐색 단계 121

3. 표출 · 발산 단계 157

두드림

1st

미술치료의 이해

1 미술치료의 이해

1) 미술치료의 정의

미술치료는 '미술(Art)'과 '심리(Psychology)', '치료(Therapy)'라는 세 영역이 합쳐진 것으로 심리이론을 기반으로 다양한 미술, 조형활동을 통해 감정이나 내면세계를 표현하는 심리치료이다.

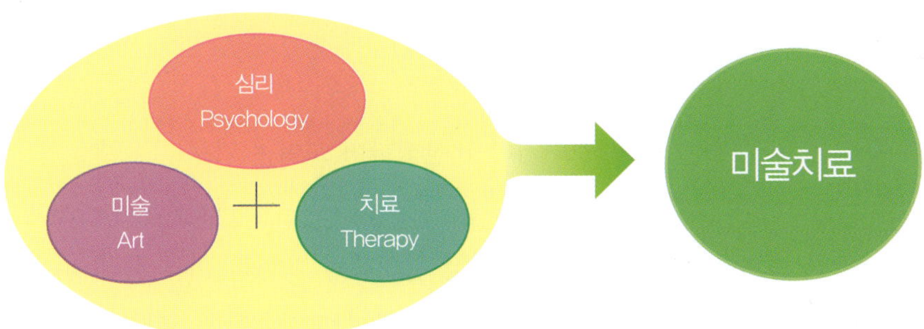

2) 미술과 미술치료

아트테라피(Art Therapy)는 예술치료, 예술요법, 미술치료, 회화요법 등으로 번역되고 있지만 크게 두 가지 의미로 파악되고 있다.

예술치료의 의미로 본 아트테라피는 미술, 음악, 연극, 놀이, 동작, 춤, 레크리에이션(recreation), 시, 소설 등 모든 예술 매체를 사용하는 심리치료의 영역이 포함된 광의의 개념이라 볼 수 있다. 미술치료의 의미로 본 아트테라피는 회화, 디자인, 조소, 공예 등 다양한 미술표현 기법을 매개체로 사용하는 심리치료라고 볼 수 있으며 일반적으로 가장 많이 이해되고 있는 개념이다.

미술치료는 이러한 창작미술활동을 통해 자신의 마음을 자연스럽게 드러내도록 하여 심리적 · 정서적 갈등을 완화시킴으로써 일상 속에서 원만한 삶을 살아갈 수 있도록 도움을 준다. 더불어 개인의 내적 세계와 외적 세계 간의 조화를 이룰 수 있도록 돕고 작업 과정과 결과물을 통해 심리를 진단하고 치료하는 데 그 목적이 있다.

3) 일상에서의 미술치료의 의미

미술이란 창조하고 표현하고자 하는 인간의 욕구를 시각적인 형태로 나타낸 것이라고 할 수 있다. 인간이 가지고 있는 창조적 욕구는 성장과정을 통해 다양한 방법으로 표출된다. 이를테면 우리는 유년 시절 의미 없는 낙서에서부터 흙놀이, 모래놀이 등 시각적이고 감각적인 다양한 놀이를 통해 미술활동을 경험했을 것이다.

또한 우리는 일상의 삶 속에서도 거리를 산책하며 보이는 가로수와 햇살의 조화미, 도시의 건축물과 스카이라인(Skyline)을 따라 생기는 기하학적 선의 조형미, 아름다운 경관을 보며 느끼는 자연미 등 미적 감상뿐만 아니라 이를 통해 떠오르는 감정을 느끼고 이미지를 표현한다. 이러한 모든 표현을 미술활동이라 볼 수 있다.

이처럼 미술은 끊임없이 우리의 삶과 밀접한 연관을 가지고 있다. 우리는 때때로 크고 작은 스트레스로 힘들어질 때 미술작품이나 자연의 풍경을 감상하거나 메모지에 우연히 끄적거리는 낙서를 통해 자신의 감정을 해소하는 경험을 한다. 이러한 소소한 경험은 메마른 정서를 풍요롭게 해 주고 기쁨과 즐거움을 주는 기능과 역할을 한다.

이렇듯 우리가 일상에서 미술활동을 통해 경험하는 감정의 정화는 다분히 치유적 요소를 내포하고 있다고 볼 수 있다.

WORK BOOK

❖ 유년 시절을 생각하며 떠오르는 장면과 감정을 선이나 색 혹은 자유로운 끄적거림으로 표현해 보세요.

활동후

유년 시절의 나는 어떤 아이였나요?
유년 시절의 나에게 해 주고 싶은 말을 적어 보세요.

4) 미술활동이 주는 미술치료의 의미

우리가 일상에서 경험한 미술활동을 통해 자신의 정서가 시각적 · 감각적 이미지로 표현될 때 비로소 미술작품이 탄생하게 된다. 미술활동은 우리에게 풍부하고 진솔한 자신의 감정을 표현하게 하며, 작품과의 대화를 통해 내면의 소리를 발견하게 한다. 이러한 과정은 내적 세계와 외적 세계의 조화와 일치를 시도하도록 도움을 줄 뿐만 아니라 심리적 · 정서적 안정과 성장을 돕는다. 그러므로 미술의 창작 과정은 창조하고 표현하고자 하는 인간의 기본 욕구를 자연스럽게 드러내고, 내적 소망을 시각화하여 표현하면서 개인이나 집단에게 치유의 기회를 제공한다.

결론적으로 미술은 그리기나 만들기의 테크닉만을 학습하여 표현된 결과물을 뜻하는 좁은 의미를 벗어나, 작품을 감상하는 의미와 미술활동 그 자체를 통해 감정을 정화하고 승화되는 과정까지 포함하는 넓은 의미로 치료적이라 할 수 있다. 그러므로 미술치료에서의 미술활동은 미술이라는 시각매체를 통해 자신을 발견하고 통합하며 인격을 성장시키는 의미 있는 과정이다.

WORK BOOK

❖ 조용히 눈을 감고 오늘 하루 나에게 어떤 일이 있었는지 떠올려 보세요. 지금 이 순간 가장 크게 다가오는 감정은 어떤지 이미지로 표현해 보세요(인상적인 풍경, 들려온 음악과 소리, 날씨, 시각, 청각, 후각적 자극 등).

활동후

어떤 감정을 표현하였나요?

나의 감정은 어떠한가요?

5) 미술에서 보이는 마음의 이미지

사람들은 자신만의 다양한 심상을 가지고 있다. 화가들의 그림 속에서 나는 무엇이 보일까?

P. 17의 그림을 감상해 보세요.

화가들이 그린 착시그림에서 우리는 각자의 심상에 따라 같은 이미지를 보면서도 서로 다른 이미지를 떠올리게 된다. 어떤 것을 전경으로 보고 어떤 것을 배경으로 보는가에 따라 자신에게 먼저 다가오는 이미지가 다른 것이다. 이러한 간단한 그림을 보는 방식으로 심리분석을 한다거나 심리상태를 알 수는 없지만, 사람들은 자신이 보고자 하는 이미지를 먼저 보고 있으며 개인에 따라 보이는 이미지는 서로 다를 수 있음을 알 수 있다.

결국, 미술로 표현한다는 것은 자신이 가지고 있는 내면의 심상이 이미지화되어 현실 속에 작품이라는 구체적인 결과물로 나타나게 되는 것이다. 따라서 마음의 상을 미술작업으로 표현하는 미술치료는 개인이 가지고 있는 다양한 마음의 소리를 자신이 느끼는 감정에 따라 서로 다른 이미지로 표현하는 것과 같다.

미술작품으로 표현된 결과물인 이미지는 때로는 언어로 표현할 수 없는 더 많은 이야기를 내포하고 있다. 그 이미지는 우리가 느끼는 감정을 서로에게 전달하며 타인과 대화하고 교류할 수 있도록 한다. 그러므로 미술작업에서 나타난 이미지가 언어 이상의 의사소통 도구로 사용될 수 있으며 미술작업을 통해 자신의 세계를 외부로 드러내고 자아를 확인할 수 있도록 도울 수 있다.

6) 미술표현의 보편적 의미

밝은 색채와 빛의 향연으로 표현된 인상파 그림을 보며 느끼는 감정과 작가의 내면 깊은 곳에서 일어나는 주관적 감정을 표현한 표현주의 작품을 보고 느끼는 감정은 서로 다를 것이다. 미술작품을 보며 서로 다른 감정을 불러일으키는 요인은 무엇일까?

P. 18의 작품을 감상하고 P. 19의 워크북을 완성해 보세요.

그림 ❶

그림 ❷

그림 ❸

그림 ❹

그림 ❺

그림 ❻

그림 ❼

그림 ❶ 마주 보는 두사람의 옆모습과 술잔
그림 ❸ 트럼펫을 부는 남자와 여인의 얼굴
그림 ❺ 젊은 여인의 옆모습 얼굴과 노인의 옆모습 얼굴
그림 ❼ 토끼와 오리
그림 ❷ love와 hate
그림 ❹ 꽃과 여인의 얼굴
그림 ❻ 악마와 천사

WORK BOOK

| 파라솔을 든 여인

캔버스에 유화, 1875
모네(Claude Monet, 1840–1926)

절규 |

마분지에 유화, 파스텔, 카세인, 1893
뭉크(Edvard Munch, 1863–1944)

WORK BOOK

❖ 모네의 그림과 뭉크의 그림을 바라보며 그림 속에 표현된 인물의 감정을 떠올려 보자. 또한 화가가 그림을 그리며 느꼈을 감정을 생각해 보고, 그림을 보며 어떤 느낌이 드는지 자신의 감정을 표현해 보자.

	모네 〈파라솔을 든 여인〉	뭉크 〈절규〉
그림 속 분위기는 어떠한가요?		
그림을 보고 있는 나의 느낌은 어떠한가요?		
화가가 그림을 그릴 때의 감정을 상상해 보세요.		
현실에서 그림 속 주인공과 같은 감정을 경험한 적이 있다면 그때의 상황과 느낌을 적어 보세요.		

〈파라솔을 든 여인〉에서 모네는 빛에 따라 시시각각 변하는 색의 느낌과 순간적으로 느껴지는 인상을 화폭에 담으려고 했다. 모네는 사랑하는 아내 카미유와 아들 장과 함께 언덕을 산책하다가 앞서 걸어가고 있는 아내를 불렀을 것이다. 그 소리를 듣고 남편을 향해 뒤돌아선 순간의 아내와 아들의 모습을 모네는 자연스럽게 표현하고 있다. 그림을 바라보면 바람에 나부끼는 머리와 옷자락, 반짝이는 햇살을 통해 화창하고 따뜻한 바람이 부는 오후의 날씨를 느낄 수 있으며 한가로움, 온화함, 평화로움, 화사함 등의 감정이 떠오른다. 또한 화가인 모네를 바라보는 듯한 아내와 아들의 시선에서 행복한 가족의 모습이 연상된다.

뭉크의 그림에서는 대상의 주제를 강조하며 화면의 색채와 구도, 형태를 과장하거나 생략하고 작가가 느끼는 감정을 자유롭게 표현한 것을 볼 수 있다. 그러므로 우리는 뭉크의 〈절규〉를 보며 작가의 내면세계를 엿볼 수 있고 작품 안에 작가가 표현한 불안, 두려움, 공포, 우울함 등의 감정을 느낄 수 있다. 실제로 뭉크는 자신의 경험을 다음과 같이 글로 남겼으며 이러한 느낌을 그림으로 표현한 것이다.

> "친구 둘과 함께 길을 걸어가고 있었다. 해 질 녘이었고 나는 약간의 우울함을 느꼈다. 그때 갑자기 하늘이 핏빛으로 물들기 시작했다. 그 자리에 멈춰선 나는 죽을 것만 같은 피로감으로 난간에 기댔다. 그리고 핏빛 하늘에 걸친 불타는 듯한 구름과 암청색 도시와 피오르드에 걸린 칼을 보았다. 내 친구들은 계속 걸어갔고, 나는 그 자리에 서서 두려움으로 떨고 있었다. 그때 자연을 관통하는 그치지 않는 커다란 비명을 들었다(Bohm-Duchen, 2002)."

두 작품에서 느끼는 우리의 감정은 작가가 사용한 색과 형태, 분위기로 인해 서로 다른 것을 알 수 있을 것이다. 그림을 감상하는 사람들은 그림을 그린 작가의 표현을 통해 작가와 비슷한 감정을 느끼게 된다.

미술치료에서도 작품은 서로의 감정을 나누고 소통하는 매개체로 사용되는데, 이러한 소통이 가능한 것은 인간의 감정을 미술로 표현하는 것에는 최소한의 보편적인 공통점이 있기 때문이라고 생각된다. 그렇다면 인간이 자신의 감정을 미술로 표현할 때 나타나는 보편적 표현은 어떤 것일까?

다음에 제시된 감정을 선과 색으로만 나타내 봄으로써 우리가 느끼는 감정표현의 보편적 방식을 체험할 수 있다.

WORK BOOK

❖ 아래에 제시된 감정에 집중하여 자신이 경험했던 일들을 떠올리며 색을 선택하고 자유롭게 선으로 표현해 보자.

화남	괴로움	무서움

즐거움	편안함	사랑스러움

어떠한 결과가 보이는가? 화남, 괴로움, 무서움의 감정표현에는 주로 강하고 진한 색을 선택하거나 강렬한 선, 직선적 표현, 날카로운 선 등이 쓰였을 것이다. 또한 즐거움, 편안한, 사랑스러움의 표현은 주로 파스텔 톤의 부드러운 색, 중간색, 곡선적이고 율동감이 있는 표현이 많을 것이다. 이러한 감정의 표현 양식은 일반적으로 인간에게 내제된 공통된 표현 방식으로 볼 수 있다. 즉, 인간의 감정을 형태나 색으로 표현하는 방식에는 일정 부분의 보편성이 존재한다. 그러므로 우리는 미술이라는 매체를 통해 자신의 감정을 선과 색채, 형태로 나타내고 그 시각적인 작업을 통해 내면의 목소리를 알아차릴 수 있게 되는 것이다.

7) 미술치료에서 미술이 주는 장점

미술치료에서는 미술의 장점을 치료 과정에 적용하고 있다. Wadeson(1980)은 미술이 심리치료 과정에 적용되었을 때 미술이 주는 장점을 다음과 같이 제시하였다.

- 첫째, 미술은 심상의 표현이다.
- 둘째, 미술은 방어를 감소시킨다.
- 셋째, 미술은 구체적인 유형의 자료를 즉시 얻을 수 있다.
- 넷째, 미술은 자료의 영속성이 있다.
- 다섯째, 미술은 공간성을 지니고 있다.
- 여섯째, 미술은 창조성이 있으며 에너지를 유발시킨다.

Wadeson이 제시한 미술의 장점은 인간의 마음을 움직이는 데 미술이라는 매체가 얼마나 다양한 측면에서 주도적으로 관여할 수 있는지를 알려 준다. 이러한 미술의 장점에 대해 구체적인 의미를 살펴보면 다음과 같다.

첫째, 미술은 심상의 표현이다.

심상은 마음의 상이며 이는 이미지로 표현된다. 떠오르는 생각을 말로 표현하기 전에 우리는 먼저 이미지를 떠올리게 되며 그 이미지는 말보다 더 많은 이야기를 담고 있다. 예를 들어 '가족'이라는 말을 하기 전에 가족에 대한 다양한 이미지가 우리의 마음속에 떠오른다. 이러한 이미지를 우리는 심상이라고 하며 이러한 심상의 요소는 삶의 초기 경험, 삶의 환경 등과 연관이 되곤 한다. 다양한 개인의 주관적인 경험에 의해 형성된 심상은 자신의 내면의 모습을 가장 솔직하고 구체적으로 보여 준다. 내면의 심상은 언어로 표현되었을 때보다 미술로 표현되었을 때 더 자유롭고 다양한 표현이 가능해진다.

우리의 꿈 이야기, 환상, 상상 등도 내면의 메시지를 담고 있다. 이러한 실체가 없는 내면의 메시지를 알기 위해 언어를 사용한다면 정확히 그 이미지를 나타내기가 매우 어렵다. 그러나 이를 시각적인 이미지로 표현한다면 더 많은 정보를 우리에게 전달해 줄 수 있게 된다. 그러므로 미술은 내면의 욕구를 나타내고자 할 때 잠재된 심상의 표현을 자극하고 자유로운 창조적 과정으로 나아가게 하는 훌륭한 도구가 되는 것이다.

둘째, 미술은 방어를 감소시킨다.

미술활동은 언어가 필요 없는 비언어적 수단으로 진행된다. 언어는 구조화되어 의식이 지각한 내용을 표현하는데, 의식이 지각한 내용은 이미 무의식적으로 방어가 작동되고 있다. 왜냐하면 대부분 사람의 무의식에는 직면하고 싶지 않은 많은 상처들이 있기 때문에 직면을 두려워하거나 외면하려 하기 때문이다. 그러나 비언어적 수단인 미술활동은 무의식적 상처들이 고통이나 두려움 없이 외부로 표출될 수 있도록 도움을 주는 안전한 장치이다. 그러므로 미술활동은 우리 마음속의 무의식을 방어 없이 자유롭게 표출할 수 있도록 하고 무의식과의 정서적인 대화를 가능하게 하여 자기성찰에 도움을 주는 유용한 방법이라고 할 수 있다.

셋째, 미술은 구체적인 유형의 자료를 즉시 얻을 수 있다.

미술작품은 미술활동의 결과물로 구체적인 자료가 된다. 그 결과물의 형태가 어떠하던 그것은 자신의 내면의 표현물이며 흔적이다. 미술활동이 시각적인 표현일 수도 또는 촉각적인 표현이 될 수도 있지만, 그것은 자신의 행위 때문에 발현된 결과이며 그 결과물은 즉각적으로 자신의 눈 앞에 펼쳐지게 된다. 즉, 미술활동을 함과 동시에 자신의 내면의 모습을 시각을 통해 구체적으로 확인할 수 있는 자료를 얻을 수 있게 되고 그 자료를 통해 자아를 확인하고 성장시킬 기회를 얻게 된다.

넷째, 미술은 자료의 영속성이 있다.

미술작품은 파괴하거나 인위적으로 소멸시키지 않는 한 영속적인 결과물로 남게 된다. 미술치료 과정을 통해 제작된 일련의 작품은 내면 변화과정의 기록물로 존재 가치가 있다. 내담자는 지나온 치료 기간의 작품 결과물을 돌아보며 치료 과정을 회상하고 재통합의 기회를 얻게 되며 자신의 존재에 대한 인식과 함께 더욱 성장할 수 있다.

다섯째, 미술은 공간성을 지니고 있다.

미술치료에서 미술이 공간성을 지니고 있다는 것에는 다양한 의미가 포함되어 있다. 우리는 삼차원의 공간 속에서 생활하며, 미술작품 또한 삼차원의 공간 속에 놓여진다. 미술작품은 우리의 삶이 이루어지는 공간 안에 실체를 가지고 함께 존재한다는 것 그 자체만으로도 의미가 있다. 그러나 미술에서의 공간성은 더 큰 의미가 내포되어 있다. 우리가 어떠한 상황이나 감정을 언어로 표현할 때는 일차원적인 소통을 하지만 미술은 다차원적인 소통을 할 수 있다. 즉, 언어표현은 정해진 어법과 규칙, 시간에 따라 순서대로 표현되어야 상호소통을 할 수 있다. 그러나 미술에는 정해진 규칙이 없으므로 자유롭게 표현이 가능하고 한 작품 안에 모든 요소를 동시에 표현하는 것이 가능하다. 예를 들면 가족에 대한 소개를 할 때 언어적 표현과 미술적 표현을 상상해 보자. 언어로 소개한다면 가족구성원을 각각 개별적으로 소개하고 가족 간의 관계에 대해 이야기해야 할 것이다. 그러나 미술로 표현한다면 가족구성원 간의 거리, 감정, 특징, 유사점이나 차이점, 생활환경 등 자신이 표현하고자 하는 것들을 색이나 형태로 동시에 한 공간 안에 표현할 수 있는 것이다. 그러므로 미술은 본질적으로 공간적이다.

여섯째, 미술은 창조성이 있으며 에너지를 유발시킨다.

미술활동을 시작하면 내담자는 신체를 움직이게 되고 에너지가 발산되며 활기가 생기는 것을 볼 수 있다. 이는 미술활동이 인간의 창조 욕구를 자극하고 신체적 · 정서적 에너지를 상승시키며 내면의 정서를 분출하고 통합하도록 돕기 때문이다.

2 미술치료의 역사

1) 미술치료의 기원

미술의 치료적 힘은 인류 문화를 통하여 오래전부터 전해져 왔다. 일부에서는 미술치료와 관련된 역사를 원시인류의 동굴벽화로부터 시작된다는 의견이 과장된 이야기라고 한다. 하지만 미술의 치료적 역사는 인류의 존재 이후부터 시작되어 왔다는 것에 대부분 동의하고 있다. 그러므로 미술치료의 기원은 인류가 문자가 없던 시대부터 그림이나 기호, 조형물 등을 사용하여 그들의 염원을 상징적으로 나타낸 것을 시작으로 보고 있다.

원시인들의 삶의 흔적이 발견되는 동굴벽화를 보면 미술이 주술적 행위와 연관된 결과이며 그들의 생존과 결부된 매우 절박한 의식이었음을 알 수 있다. 그들은 그림을 그리며 사냥을 나가기 전에 사냥에 대한 두려움을 조절하거나 성공을 기원하기도 하였고, 사냥에서 돌아와 자신들의 사냥 행적을 기록하기도 하였다. 이러한 사실은 미술이라는 매체가 인간의 창의적 욕구를 자극하고 이를 통해 자신의 생각이나 염원을 표현할 수 있는 도구로 사용되었음을 알 수 있다. 염원에는 질병 치유, 다산, 풍요, 보호, 기원, 사후의 불멸 등의 주술적인 의미를 포함하고 있으며 이러한 주술적 표현을 통해 인간은 심리적 · 신체적 안정감을 경험하고 성장하였다.

구석기인이 그린 〈말과 손자국〉에서 우리는 무엇을 느낄 수 있을까? 구석기 시대의 그림을 앞에 두고 우리는 다양한 상상을 할 수 있다. 어느 날 구석기인은 갈라진 바위틈의 우연한 선에서 말의 머리를 상상하였을 것이고 그 이미지를 사용하여 말의 모습을 표현하였을 것이다. 또한, 말의 등 위에 그려진 손은 사냥터에서 본 말을 잡고 싶다는 구석기인의 욕망을 표현한 것은 아닐까?

〈빌렌도르프의 비너스〉는 우리가 상상하는 아름다운 여신 비너스의 몸매와는 상이하다. 그렇다면 구석기인은 이런 여인 조각상을 통해 어떠한 이야기를 하고 싶었을까? 아마도 그들은 풍성한 여성의 몸을 표현하며 상징적으로 다산과 풍요를 기원하였을 것이다. 이렇듯 인간은 오래전부터 미술작품에 자신의 간절한 마음과 다양한 감정을 담아 표현해 오고 있다.

| 말과 손자국

구석기 시대, 길이: 160cm
프랑스

빌렌도르프의 비너스 |

구석기 시대, 높이: 11.1cm
오스트리아

이후 인류 문화가 발전하면서도 미술이 치료의 방편으로 사용되는 예는 지속적으로 존재하고 있다. 사후세계의 행복과 영생을 기원하는 이집트 미술, 의식용 가면과 장식물을 만든 아프리카 미술, 양피지에 치료적 문양을 그린 이디오피아 화가 등 인류의 역사 속에는 수많은 치료 의식의 흔적들이 남아 있다. 이러한 흐름은 현재까지도 지속되고 있는데, 전통문화를 고수하는 일부 원시부족들의 미술에서 우리는 다양한 형태와 문양이 조각되거나 그려져 있는 물건들, 그들만의 의미를 부여한 탈이나 장식품을 쉽게 찾아볼 수 있다. 이렇게 표현된 문양이나 형태는 장식적인 의미를 넘어서 그 실체가 가진 힘과 재능을 소유하고 싶은 욕망의 기원이라는 의미가 더 크다. 그러므로 현존하는 원시사회에서 원시미술은 의식과 축제를 통해 초자연적인 힘을 믿게 하는 도구로 사용되며 다산과 풍요 그리고 부족민들의 안녕을 지키도록 하는 기원의 의미를 내포하고 있다.

그 밖에도 북아메리카 인디언의 모래그림은 주술적 치료 의식을 위한 것이며, 탄트라의 만다라는 명상과 계몽을 위한 목적으로 제작되었다. 이러한 이유로 만다라 작업은 현재까지도 수도승들에게 정신을 집중하고 마음의 안정을 얻는 도구로 사용되고 있다.

이렇듯 인간의 심리적 욕구를 표현하고 정서적 · 신체적 안정감을 얻기 위해 미술이 사용된 사례들은 원시시대부터 오늘에 이르기까지 다양하다. 결국 미술활동을 통해 표현된 상징적 이미지는 인류의 역사 속에서 심리치료적 속성을 띄며 인간의 삶 속에 공존되어 왔다고 볼 수 있다.

| 만다라

19세기, 31.1 x 31.1 cm
나무 위 채색, 티벳

2) 현대 미술치료의 기원: 19세기 초 ~ 20세기 초

미술을 심리치료 분야의 한 영역으로 접근하고 인식하게 된 것은 그리 오래되지 않았다. 서양은 19세기 후반, 급격한 산업화로 인해 인간 가치의 상실 등 정신적 공허감이 몰려오면서 심리적 안정감의 필요성이 제기되었고 다양한 대상에게 미술치료가 적용되기 시작하였다.

유럽에서는 프랑스, 이탈리아 등의 정신과 의사 및 법의학자들이 정신병원 환자들의 그림에 대해 그 특징을 기고하였고, 독일에서는 정신과 의사였던 프린츠호온(Prinzhorn)이 1919년에서 1921년까지 정신병원의 환자들이 그린 5천여 장의 그림, 소묘, 콜라주, 조소 등을 수집하였다. 프린츠호온은 수집한 자료를 바탕으로 1922년 '정신병자들이 그린 그림'이라는 책을 출판함으로써 미술활동이 환자들의 정신건강과 밀접한 연관이 있다는 것을 제시하였다(Kraus, 1996).

미국에서는 1907년 이후 정신과 병동에서 환자들이 미술가들의 지도 아래 미술활동을 시도한 것을 미술치료의 출발로 보고 있다. 대표적인 인물로는 나움버그(Naumburg), 크레이머(Kramer), 울만(Ulman)이 있다.

3) 미술치료의 견해

(1) 나움버그(Naumburg): 치료에서의 미술(Art in Therapy)

• 치료에 중점을 두는 입장

나움버그는 1940년대에 미술을 분석적이고 역동적인 심리치료의 도구로 소개하면서 정신분석적 이론에 근거한 미술치료 모델을 지향하고 정립하였다. 나움버그의 미술치료는 언어만으로 자신을 표현하기보다는 자신의 내적 이미지들을 상징화하고 이를 방어 없이 무의식의 이미지로 재현할 수 있도록 도왔다. 또한 치료사와 내담자 사이의 치료적 관계 형성과 전이와 역전이의 해결, 자유연상, 그림의 상징성, 자발적 표현과 해석, 통찰 등을 중시한 입장으로 심리치료의 과정에서 미술을 매개체로 이용하였다.

치료사의 역할은 내담자가 무의식에서 표현된 상징적 내용을 바탕으로 결과물을 해석하고 그림과의 대화를 통해 통찰할 수 있도록 하는 것이다.

나움버그는 정신분석 지향적 미술치료의 장점을 다음과 같이 제시하였다(Ulman, Kramer, & Kwiatkowska, 1977).

- 첫째, 말보다는 그림으로 자신에게 일어나는 내적 욕망이나 꿈, 환상을 직접적으로 표현하도록 한다.
- 둘째, 무의식을 그림으로 투사하면 언어적 표현보다는 검열기능을 약화시키기 때문에 치료 과정이 촉진된다.
- 셋째, 그림으로 나타난 것은 영속성이 있어서 내용 자체가 망각에 의해 지워지지 않으며 그 내용을 부정하기 힘들다.
- 넷째, 전이 문제가 더 쉽게 해결된다. 즉 내담자의 자율성은 자신의 그림을 해석할 수 있는 능력에 의해 고무된다.

(2) 크레이머(Kramer): 치료로서의 미술(Art as Therapy)

- 미술작업 과정을 중시하는 입장

크레이머는 나움버그의 입장과는 달리 미술작업 과정 그 자체를 치료로 보았고 작품에 대한 내담자의 연상을 통하여 자기표현과 승화작용을 경험함으로써 자아가 성숙할 수 있다고 보았다. 즉 미술작업을 통하여 내담자 자신의 내재된 감정을 표출함으로써 부정적 에너지를 감소시키거나 전환시킨다는 견해이다. 내담자는 미술작업 과정 속에서 자신의 본능적 충동이나 환상에 접근하며 내적 갈등을 재경험하고 자기이해를 통해 그 갈등을 해결하고 통합한다는 것이다.

치료사의 역할은 내담자가 만든 작품을 해석하는 것이 아니라 창의적 미술작업을 통한 승화과정과 통합과정을 도와주는 것이라고 하였다.

(3) 울만(Ulman): 통합적 입장(Therapy and Creativity)

• 치료 + 미술 입장

울만은 1961년 『미술치료 회보(*Bulletin of Art Therapy*)』의 창간호에서 처음으로 미술치료라는 용어를 사용하였다. 그는 미술치료가 교육, 재활, 정신치료 등 다양한 영역에서 활용될 수 있지만 공통된 방법은 시각예술이라는 수단을 사용하여 인격의 통합을 이루도록 돕는 것이라고 했다(Ulman, 1961).

울만은 미술치료라는 용어가 '미술'과 '치료'의 두 단어가 결합한 것이라고 하며 각각의 단어에 의미를 부여하고 있다. 즉 '미술'이라는 의미는 나움버그의 견해와 일치하는 '치료에 중점을 두는 입장'으로, 미술을 치료사와 내담자 사이에서 전달된 상징적 이미지로 보는 관점이다. 다른 하나인 '치료'는 크레이머의 견해와 일치하는 것으로 미술을 중시하는 입장을 지지한다. 즉, 예술을 창조하는 행위야말로 인격을 통합하는데 매우 적합하다고 보는 것이다.

즉, 울만의 미술치료는 작품의 결과를 중시하는 나움버그의 입장과 다양하게 표현되는 예술적 성취감을 중시하는 크레이머의 입장에 융통성을 부여하고 치료적 측면과 창조적 측면에 대하여 통합적으로 접근하였다.

3 미술치료사의 자세

미술치료에서 치료사는 내담자의 내면 여행 안내자이자, 자기탐색 및 성찰을 돕는 촉진자, 내담자의 자기성장 과정을 함께하는 동반자로서의 역할을 하며 미술치료의 효과성에 중요한 영향을 미친다.

미술치료사의 자질이 중요한 것은 이와 같은 역할뿐만 아니라 내담자가 미술치료를 통해 얻을 수 있는 자기탐색 및 통찰에 영향을 줄 수 있는 중요한 요인으로 작용하기 때문이다. 실제로 현장에서 동일한 미술치료 프로그램을 다른 치료사들이 진행하였을 때 반응과 효과가 다르게 나타나는 경우를 흔히 목격할 수 있다. 따라서 미술치료사들은 치료사로서의 기본 자질과 전문 자질을 갖추기 위하여 끊임없이 자기성찰을 하고 임상감독과 전문적인 교육을 통해 인간에 대한 심층적 이해와 관련 지식에 대한 탐구가 이루어져야 한다. 더불어 치료에서의 윤리적 책임을 위한 이해가 반드시 필요하다.

미술치료사의 기본 자질은 사람을 대하는 기본자세 즉 성품을 이야기하며, 미술치료사의 전문 자질은 미술치료학, 심리학, 인문학, 철학, 정신의학 등의 관련 학문에 대한 지식을 습득하는 것뿐만 아니라 자기이해를 위한 지속적인 노력과 치료사례 연구, 임상감독 등으로 끊임없이 수련해가는 자세를 말한다. 미술치료사의 기본 자질과 전문 자질을 구체적으로 정리하면 다음과 같다.

미술치료사의 기본 자질

- 인간에 대한 기본적인 관심과 사랑이 있어야 한다.
- 온화함, 안정감, 성실함을 바탕으로 신뢰를 갖춘 대상이 되어야 한다.
- 자신의 내면 성찰을 할 수 있는 능력이 필요하다.
- 내담자에 대한 공감능력이 있어야 한다.
- 일관성 있는 태도로 내담자를 대할 수 있어야 한다.
- 긴장을 이완시키며 분위기를 편안하게 할 수 있는 유머감각과 적절한 의사소통능력이 필요하다.
- 치료 과정 내에서의 침묵과 모호함의 시간을 견딜 수 있는 힘이 필요하다.
- 치료 과정을 관찰할 수 있는 능력과 의미를 찾을 수 있는 직관력, 통찰력이 필요하다.
- 치료 과정 내에서 민첩성과 유연성, 융통성을 발휘할 수 있어야 한다.
- 치료사의 자기 편견, 선입견을 넘어서서 다양한 삶에 대한 수용과 이해가 있어야 한다.
- 비밀유지에 대한 책임감과 기본적인 윤리적 태도를 가져야 한다.

미술치료사의 전문 자질

- 인간에 대한 다측면적인 이해를 위해 관련 지식을 습득하여야 한다.
- 미술교육과 미술치료의 관점에 대해 이해하고 미술치료 이론 및 심리학에 대한 지식이 있어야 한다.
- 진단 및 평가에 대한 전문 지식을 습득하고 활용할 수 있어야 한다.
- 아동/청소년/성인/가족 등 대상별 발달과정과 과업에 대한 전문적 지식이 있어야 한다.
- 미술치료 과정 중 나타나는 색과 형태의 상징에 대해 이해할 수 있어야 한다.
- 다양한 치료 분야에 대한 기본 지식이 필요하며 통합적 치료 접근에 대한 이해가 있어야 한다.
- 미술 매체 연구와 프로그램 개발을 위한 지속적인 노력이 필요하다.
- 전반적인 치료 과정에 대해 기록하고 문서화할 수 있는 능력이 필요하다.
- 치료사로서 법적, 윤리적 책임에 대해 이해하고 지킬 의무가 있다.
- 미술치료 사례에 대한 임상감독을 받고 전문적인 지식 습득을 위한 지속적인 교육 참여가 필요하다.
- 주기적으로 개인 분석을 받거나 집단치료에 참여하여 끊임없이 자기내면을 탐색을 하고 내담자로서의 경험을 하는 것이 필요하다.

2nd 두드림

1. 집단미술치료의 정의와 목적
2. 집단미술치료의 장점
3. 집단미술치료의 치료적 요인
4. 집단미술치료 프로그램의 일반적 과정
5. 집단미술치료의 회기 진행 과정
6. 집단미술치료사의 역할

집단미술치료의 이해

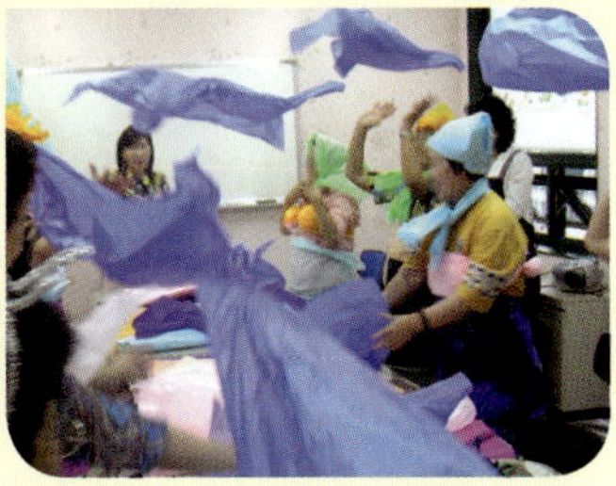

1 집단미술치료의 정의와 목적

1) 정의

집단이란 공통의 목표나 관심사를 가지고 있는 사람들이 서로의 역할이나 기능에 대한 규범을 가지고 상호 작용하며 정서적 관계를 유지하는 집합체이다. 집단은 작은 사회이며 의도적이거나 혹은 자발적으로 구성된다.

집단미술치료는 예방적이고 발달적인 차원에서 공통의 목표를 가진 집단을 대상으로, 전문적 소양을 갖춘 치료사와 함께 창조적인 미술 매체를 활용하여 진행하는 집단상담을 말한다.

2) 목적

집단 과정에서 집단의 구성원은 집단의 일원으로 소속되어 다양한 경험을 하게 된다. 집단의 구성원은 치료자와 내담자, 내담자와 내담자 간의 자유로운 상호 교류를 통해 서로를 신뢰하고 역동적인 상호 작용을 경험함으로써 정서적 결속과 함께 소속감을 느끼게 된다. 이러한 집단의 역동이 형성되면 집단미술치료에서의 미술활동은 감정 교류의 매개체로서 역할을 하며 참여자들 간의 상호 작용을 원활하게 하도록 도움을 준다. 그러므로 미술활동 과정에서 언어로 표현하기 힘든 내면의 감정을 자연스럽게 표출하고 발산하게 된다. 따라서 집단미술치료는 이러한 과정을 통해 집단구성원이 자기와 타인을 이해하고 스스로 통찰하여 자신을 변화시키고 문제를 해결하며 성장할 수 있도록 도움을 주는 것에 목적이 있다. 또한 개인치료가 가지고 있는 한계를 극복하고 집단 과정을 통해 자발성을 향상시키며 대인관계의 회복과 사회적 기술을 획득할 수 있도록 하는 것을 목적으로 한다.

2 집단미술치료의 장점

1) 효율성

집단미술치료는 공통의 관심사 또는 정서적 어려움을 가지고 있는 사람들이 모여 서로 도움을 주고받을 수 있으므로 개인미술치료에 비해서 시간, 에너지, 경제적인 측면에서 효율적이다.

2) 참여의 자율성

집단 과정 안에서는 개인의 욕구에 따라 참여하거나 관망할 수 있는 자율성이 보장되기 때문에 미술작업에 거부감을 느끼는 내담자의 부담을 줄여줄 수 있다. 더불어 자신감이 부족한 내담자는 다른 구성원의 작업 과정을 지켜보며 미술 매체를 좀 더 친근하게 접할 수 있는 기회를 얻게 되고 스스로 작업에 참여할 수 있는 동기가 부여된다. 집단이 함께 미술활동을 하는 과정은 구성원 상호 간에 동등한 느낌을 갖게 되므로 쉽게 마음을 열고 수용하는 자세로 스스로의 문제를 다룰 수 있게 된다. 그러므로 개인미술치료에 대해 준비가 덜되었거나 망설이는 내담자에게 집단미술치료를 권유할 수 있다.

3) 시각적 특수성

미술작업은 이미지를 시각화하는 특수성으로 인해 자신의 행동에 대하여 좀 더 명확하게 현실검증을 할 수 있는 기회를 제공한다. 그러므로 집단미술치료 프로그램 안에서 일어나는 현실적이고 실제적인 사회적 장면의 시각화는 구성원 스스로 자신의 습관이나 태도 및 사고방식을 평가하고 수정하는 데 매우 유용하다. 더불어 다양한 집단구성원과 함께하는 미술활동을 통해서 좀 더 적극적인 상호 작용을 경험하게 되며, 새로운 사회적 기술을 습득하는데 긍정적인 효과를 기대할 수 있다.

4) 표현의 안전성

미술을 도구로 사용하는 집단미술치료는 무의식적 정신세계를 보다 심층적으로 안전하게 표출하도록 도움을 준다. 또한 집단구성원은 집단 안에서 타인과 관계를 맺고 서로에게 피드백(feedback)을 하는 과정을 통해 다양한 관심사와 감정을 나누며 쉽게 소속감과 동료의식을 발전시킬 수 있다. 피드백 과정은 미술작업의 결과물이 중간 매개체로 존재하므로 언어적 표현만으로 이루어질 때보다 더욱 편안하고 안전하다. 그렇기 때문에 보다 쉽게 집단의 공통 의견을 받아들이게 되고 집단에 대한 참여 의식을 갖게 된다. 이렇게 이루어지는 구성원 간의 깊은 사회적 교류는 풍부한 학습경험을 할 수 있는 기회를 제공하고 서로가 훌륭한 상담자의 역할을 할 수 있도록 돕는다.

5) 관계의 유연성

집단미술치료 안에서 이루어지는 활동을 통해 구성원 간에 창조적 에너지를 나누고 집단의 활력을 얻는다. 더불어 구성원은 창조적 활동으로 인한 카타르시스를 함께 경험함으로써 자신의 문제에만 관심을 보이던 태도에서 벗어나 타인에 대해 더욱 폭넓은 관심을 가질 수 있는 유연성을 갖게 된다.

3 집단미술치료의 치료적 요인

집단상담에서는 집단구성원과 집단치료사 또는 집단구성원 간의 상호 작용을 통해 서로 도움을 주고받는다. 집단에서 내담자의 치료적 변화 경험은 다양하고 복잡한 상호작용적 특징에 의해 일어나며 상호의존적이다. 집단상담에서의 '치료적 요인'이란 집단치료 과정에서 치료적 변화를 이끄는 요소로 내담자의 상태를 변화시키는 데 긍정적인 영향을 미치는 특징을 말한다(Yalom, 1985).

집단미술치료에서의 치료적 요인은 미술치료 과정과 결과를 통해 내담자에게 긍정적 변화를 가져오는 요소를 의미한다. 미술치료에서는 다양한 미술 매체를 사용하므로 매체가 지닌 장점인 유희적 속성과 친밀감을 이용하여 자신을 자유롭게 표현하게 된다. 그러므로 집단미술치료는 집단상담 과정에서 흥미를 유발시키고 안전하게 내담자의 심리적인 문제를 표출하고 해결하는데 유용한 심리치료 접근법이다(천성문 외, 2006).

집단미술치료는 상담 과정에서 미술이라는 매체를 사용하기 때문에 특별히 정서적 요인의 작용을 더 활성화시키는데 그중에서도 감정의 카타르시스를 경험하는 정화요인이 가장 중요한 치료요인으로 꼽히고 있다(최선남 · 전종국, 1997). 그 밖에도 집단미술치료의 치료요인으로 자기이해와 통찰, 긍정적 관계 경험, 상호 작용을 통한 경험, 미술 매체 등을 선정하기도 하고(남정현, 2012), 친밀감, 자기이해, 의사소통, 카타르시스, 용이성, 창조성, 이완/퇴행, 통합, 상징화를 선정하기도 한다(김미진 · 이근매, 2015). 이러한 연구를 바탕으로 집단미술치료의 다양한 치료요인 중 보편적으로 적용되는 치료요인을 살펴보면 다음과 같다.

1) 카타르시스

집단미술치료에서 다양하게 적용되는 미술활동은 내면의 혼돈되고 혼란스러운 강렬한 감정과 억압된 욕구의 분출을 용이하게 한다. 따라서 미술 매체를 사용하여 표현하는 집단미술치료 과정에서 집단구성원은 즐거움을 느끼고 부정적 감정을 해소하는 카타르시스를 경험할 수 있다.

2) 용이성

집단미술치료에서의 상담 진행은 미술 매체를 매개체로 사용하므로 집단활동이 쉽게 촉진될 수 있도록 도움을 준다. 또한 시각적으로 존재하는 구체적인 작업 결과물은 집단구성원 간의 이해가 용이하도록 하며, 집단치료사는 집단의 이슈에 수월하게 접근할 수 있도록 돕는다.

3) 친밀성

미술활동은 집단치료사나 구성원 사이에 친화력을 형성하는 기회를 제공하므로 서로 간에 깊은 친밀감을 느끼고 관계 형성을 용이하게 한다.

4) 창조성

집단 내에서 이루어지는 미술활동은 창작의 기회를 제공하고 창조적 활동을 촉진하여 집단에너지를 활성화시킨다. 특히 소극적이거나 무기력한 내담자는 집단이 함께하는 미술작업을 통해 서로의 에너지를 나누는 경험을 하며 인간의 본능적 욕구인 창조성을 자극하고 창의적 표현을 가능하게 한다.

5) 상징성

미술치료에서의 작업 활동은 언어로 표현하기 어려운 무의식의 내용을 시각적인 상징으로 표현할 수 있도록 돕는다. 집단구성원은 의도적으로 드러내지 못하는 내면의 이야기를 미술작업을 통해 안전한 방법으로 표현할 수 있으며, 상징적 내용이 담긴 작품에 대한 나눔의 과정은 자연스럽게 깊은 내면의 이야기를 할 수 있는 소통의 기회를 제공한다.

6) 에너지 활성화

집단구성원은 작품을 제작하는 미술활동을 통해 잠재되어 있던 신체적·정신적 에너지를 활성화시킨다. 이러한 에너지의 활성화는 집단의 분위기를 활기 있고 역동적으로 만들며 집단구성원 서로 간에 긍정적 에너지를 교환할 수 있는 기회를 제공한다.

7) 이완과 퇴행

집단구성원이 미술활동을 통해 감각적이고 유동적이며 무른 매체를 경험할 때 퇴행을 촉진하고 심신이 이완되며 편안함을 느끼게 된다. 집단구성원은 편안한 분위기에서 이루어지는 상담의 장면에서 스스로 깨닫지 못했던 자신의 모습을 보게 되고 타인을 수용하며 심리적 변화를 경험하게 된다.

8) 자기표현 및 탐색

미술활동은 언어로 표현하기 어려운 내면의 심상을 다양하게 표현할 수 있도록 하며 자기개방과 내면탐색이 쉽게 이루어지도록 도움을 준다. 그러므로 집단구성원은 집단 내에서 드러내기 어려운 내면의 모습을 미술이라는 매체를 사용하여 자유롭고 편안하게 표현하고 탐색하게 된다. 작품이라는 구체적인 자료로 남아 있는 다양한 미술활동의 결과물은 집단구성원 스스로 자신과 집단의 모습을 객관적으로 탐색할 수 있는 기회를 제공한다.

9) 자기인식 및 통찰

미술활동은 작품이라는 결과물이 남기 때문에 그 내용을 부정하기 어렵고 자기를 인식하고 통찰하고 알아차리는데 긍정적인 영향을 미친다. 집단구성원은 미술 매체를 다루면서 자기조절력을 회복하기도 하고 자기통제력을 습득하기도 하며 작품을 통해 자신의 문제를 명료화하고 통찰하는 경험을 한다. 미술활동으로 이루어지는 집단 과정 안에서 구성원은 미술활동이나 작품을 통해 유사한 문제를 함께 공유하고 서로에게 지지하며 제안과 통찰을 제공한다.

10) 미술 매체의 효과성

집단미술치료의 치료적 요인들은 상담 과정에서 서로 상호유기적으로 관계를 가지고 작용된다. 집단미술치료를 진행함에 있어서 다양한 치료적 요인이 형성되도록 도움을 주는 것은 미술 매체가 있음으로 가능하며, 미술 매체는 작품을 통해 심상을 구성하고 표현하는 데 필수적인 도구이다. 그러므로 미술 매체는 집단미술치료에서 상담의 매개체가 되어 집단의 변화를 이끄는데 중요한 역할을 한다(이근매 · 최인혁, 2008).

또한 미술 매체는 내담자들을 평가하고, 수준을 확인하고, 감정과 인지를 자극하며, 촉진과 통제를 다룰 수 있는 중요한 도구이며(김미진 · 이근매, 2015), 각각의 매체가 갖는 고유한 심리적 속성을 가지고 있으므로 집단의 특성과 발달 단계에 따라 적절히 적용되었을 때 치료 효과를 높일 수 있다.

4 집단미술치료 프로그램의 일반적 과정

1) 초기 / 이완 · 탐색시기

초기는 집단의 출발시기로 관계를 형성하며 심리적으로 이완하고 탐색하는 단계이다. 집단구성원은 집단을 구성하는 새로운 상황과 환경에 적응하며 집단의 목표와 역할, 규범을 설정하고 이해해야 하며 집단의 공통성을 확인하고 스스로 집단참여에 대한 동기를 부여하게 된다.

집단미술치료의 초기 단계에서는 다양한 미술재료를 거부감 없이 사용하고 흥미를 유발하도록 미술재료에 대해 탐색하고 감각을 활성화시킬 수 있는 프로그램들이 제시되어야 한다. 또한 초기 집단의 어색함을 줄이고 치료사나 집단구성원 사이에 친밀감을 형성하기 위해서는 프로그램을 시작하며 웜업(warm-up)으로 자연스러운 신체 접촉이 일어날 수 있도록 하는 놀이나 게임을 적용하는 것이 도움이 된다. 집단 내에서 긴장이 이완되고 친밀감이 형성되면 구성원은 서로 상호 작용을 시작하고 정보를 교환하며 집단에 대한 신뢰감을 느끼게 된다.

초기	적용할 수 있는 기법들		
	• 난화로 그리기	• 콜라주 표현	• 테두리 기법
	• Start Sheet	• 이름 소개	• 그림대화
	• 점토활동	• 풀 그림 등	

2) 중기 / 표출 · 발산시기

중기에는 집단구성원 간에 기대가 생기기도 하고 갈등이 일어나기도 하며 갈등을 극복하고 집단의 응집력이 생겨나기도 한다. 또한 구성원은 갈등과 직면하며 자신의 문제에 대한 대처방법을 발견하고 능동적으로 처리하게 된다.

중기에는 다양한 표현방법을 통해 내면의 감정을 충분히 표출·발산하고 정화할 수 있는 프로그램이 제시되어야 한다. 집단구성원은 중기의 작업 과정을 통해 부정적인 감정들을 극복하고 타인과의 관계를 인식하며 조화롭고 협력적인 집단 분위기로 발전할 수 있게 된다. 또한 점진적으로 자기를 이해하고 조절하면서 통찰과 함께 긍정적 자아상을 획득하기 위한 변화를 준비하게 된다.

치료자는 집단 목표를 다시 점검하고 재평가하며 프로그램을 끝까지 성숙하게 마칠 수 있도록 공감과 지지를 통해 구성원을 격려해야 한다.

중기	적용할 수 있는 기법들		
	• 나의 어린 시절	• 자화상	• 상징화
	• 감정 책	• 인생 그래프	• 종이죽
	• 습자지 놀이 등		

3) 후기 / 통합 · 종결시기

후기는 종결과 통합의 단계로 집단구성원은 미술치료 프로그램을 통해 자신이 이루고자 하는 목적을 달성하게 된다. 또한 구성원은 미술활동을 통해 창조성과 자기치유력을 발휘하고 통합함으로써 자신감을 획득하고 긍정적이고 희망찬 미래상을 제시하게 된다. 한편으로는 집단의 헤어짐에 대한 아쉬움과 상실감을 경험하고 자신의 문제가 해결됨으로 인해 자기개방이 감소되는 모습을 보이기도 한다.

종결기에는 활발하게 상호 작용을 하고 현실 의식을 높일 수 있는 활동, 자발적 표현을 통해 긍정적 자아상을 확립하고 희망을 고취할 수 있도록 하는 프로그램이 적용된다. 또한 구성원이 어떠한 변화를 보이고 있는지 자연스럽게 관찰할 수 있는 기법을 사용하여 프로그램을 평가하거나, 전시회를 열어 그동안 진행되어 온 과정을 정리해 보는 시간을 가져 보는 것도 의미가 있다.

치료자는 종결 회기에 집단구성원과 함께 그동안의 집단 과정을 돌아보고 변화된 자신의 모습을 삶 속에서 어떻게 적용하며 살아갈 것인가에 대해 이야기를 나누면서 집단의 전 과정을 마무리한다.

후기	적용할 수 있는 기법들
	• 만다라 • 상장 만들기 • 나의 미래상 • 나에게 주는 선물 • 희망나무 등

※ 단계별로 제시된 '적용할 수 있는 기법들'은 고정된 것이 아니며 각 단계에 따라 다양하게 응용하고 변형하여 적용할 수 있다. 중요한 것은 프로그램의 대상과 흐름에 따라 치료 목표를 이룰 수 있는 적절한 주제와 기법을 사용하는 것이다.

5 집단미술치료의 회기 진행 과정

집단미술치료는 전문적인 과정을 거쳐 진행된다. 집단치료사는 프로그램의 시작 전 구성된 집단구성원의 자료를 수집하고 분석하며 집단의 목표 달성을 위해 일련의 과정을 거치면서 종결단계에 이르게 된다. 이 과정을 집단의 치료 과정이라고 하며 프로그램의 각 회기는 일반적으로 '시작 단계 – 본작업 – 나눔과 마무리 단계'로 진행된다.

회기의 시작 단계는 지난 회기에 대한 회고와 한 주 동안의 감정을 나눈 후 본 회기의 작업에 대해 소개하고 활동의 목적을 이야기하면서 시작된다. 집단구성원이 작업에 대해 이해하고 미술활동을 할 준비가 되면 본 작업이 진행된다. 이때에 집단치료사는 작업하는데 부족한 매체가 없는지 살피고 개인과 집단의 역동을 파악하도록 한다. 활동이 끝나면 구성원은 자신의 작업에 대한 느낌을 서로 나누고 회기를 마무리한다.

집단치료사는 주어진 프로그램 시간 안에서 집단의 특성과 목적에 따라 시작과 본작업, 나눔과 마무리의 시간을 적절히 조절하여 회기가 진행되도록 해야 한다. 회기가 끝나면 치료사는 회기에 대한 기록과 평가를 하고 향후 프로그램에 대한 계획을 진행한다. 집단미술치료의 회기 과정을 자세히 살펴보면 다음과 같다.

1) 회기 시작을 위한 준비

회기를 시작하면서 집단치료사의 중요한 과제는 구성원이 집단에 대한 긍정적인 이해와 기대를 가지고 집단치료사와 구성원, 또한 구성원 서로가 편안하게 만날 수 있도록 돕는 것이다.

회기를 시작하기 전에 집단치료사는 집단미술치료가 진행될 치료 공간을 점검하고, 치료사 자신의 정서가 안정적으로 집단을 맞이할 준비가 되었는지 확인해야 한다. 또한 회기 주제에 따른 미술 매체를 확인하고 집단활동을 하는 데 부족함이 없도록 준비한다.

2) 시작 단계의 진행

프로그램 진행 전 집단치료사는 구성원의 행동을 살피고 안부를 물으며 회기 진행 시 반영할 수 있는 특별한 욕구가 보이는지 파악한다. 또한 집단치료사는 전반적인 프로그램을 기억하여 집단의 발달 단계가 어디에 와있는지 파악하고 치료 목적을 이루기 위한 방향이나 흐름을 놓치지 않아야 한다. 때문에 지난 회기에 대해 회고하며 구성원이 감정이나 행동에 어떠한 변화가 있었는지 나눔을 통해 확인한다.

다음으로 본회기의 작업에 대해 소개하고 활동 주제와 목적을 이야기한다. 활동의 목적은 집단의 특성과 발달 단계에 적합해야 하며 활동의 주제는 집단치료사가 편안하게 적용할 수 있어야 한다. 더불어 집단치료사는 집단 과정에서 서로 공감할 수 있으며 집단의 문제를 이슈화할 수 있는 주제를 파악하여 선정해야 한다. 적절한 주제가 선정되어 활동이 진행될 때 집단의 응집력이 강화되고 구성원의 자기노출을 촉진하며 저항을 최소화할 수 있다. 또한 집단치료사는 선택된 주제들이 구성원의 요구나 필요에 따라서 탄력적으로 적용될 수 있도록 융통성과 창의성을 가져야 한다.

3) 본작업의 진행

회기의 작업에 대한 안내가 끝나면 구성원은 미술활동을 시작하게 된다. 본작업의 과정은 한 회기의 핵심 과정으로 구성원은 작업에 몰두하며 창조적 에너지를 발산한다. 프로그램의 특성에 따라 구성원의 대화가 중단되고 자신의 작업에 집중하기도 하고, 서로 의견을 교환하며 활발한 상호 작용이 일어나기도 한다.

작업 과정에서 집단치료사는 최소한의 개입으로 구성원이 자발적이고 능동적인 표현을 통해 내적 체험을 할 수 있도록 격려해야 한다. 또한 안전한 심리적 울타리가 되어 신뢰하는 마음으로 구성원이 활동을 마칠 수 있도록 기다려 주어야 한다(옥금자, 2007).

4) 나눔 과정의 진행

나눔의 과정은 미술활동이 끝난 후 자신의 작업결과물에 대해 소개하는 것으로 시작된다. 집단구성원은 작품에 대해 자신의 시각에서 설명하고 느낌을 나누며 서로 주고받는 피드백을 통해 심리적·정서적 지지를 경험하고 유사한 경험과 생각을 나눔으로써 집단의식과 소속감을 갖게 된다. 또한 자신의 작업에 의미를 부여하며 일상 속에서의 연관성을 찾고 이해하는 과정을 통해 스스로 통찰하고 성장할 수 있게 된다.

집단치료사는 모두가 적극적으로 나눔의 과정을 활성화시킬 수 있는 환경을 조성해야 하지만 참여를 원치 않는 개인이 있다면 그 의견을 존중해 주어야 한다. 작품에 대한 발표 과정에서 집단치료사의 비효과적인 유도 질문이나 즉흥적인 작품 분석은 바람직하지 못하다. 집단치료사는 구성원이 부여한 작품의 의미와 느낌, 무의식적인 자료들을 개인의 발달적·심리학적 측면에서 이해하며 구성원 자신의 핵심문제를 다룰 수 있도록 안내해야 한다.

5) 회기 마무리

집단활동이 모두 끝나면 구성원은 매체나 작품 등 자신이 활동했던 주변을 정리하며 회기를 마무리하게 된다.

집단치료사는 회기가 끝남을 알리고 다음 회기를 약속하며 구성원이 작업 활동을 통해 드러난 혼돈된 무의식을 잘 담아내고 심리적으로 안정된 상태가 되어 삶 속으로 돌아갈 수 있는지 주의 깊게 살펴야 한다. 주변을 정리하며 이루어지는 마무리 단계는 미해결된 혼돈의 감정을 정리할 수 있도록 돕는 의미 있는 상징적 행위이기도 하며, 집단 안에서 서로가 가치 있는 사람이라고 느끼며 다시 일상으로 돌아가도록 도움을 줄 수 있다.

6) 회기 기록하기

집단치료사는 회기를 마무리한 후 치료 과정을 구체화하기 위해 회기 중의 모든 과정을 기록해야 한다. 기록은 그 회기에 진행된 프로그램명과 치료 단계를 명시하고 일시, 장소, 회기에 참석한 구성원과 결석한 구성원을 기록해 두어야 한다. 또한 회기의 주제, 회기 목표, 작업을 위한 준비물은 무엇이었는지 기록한다. 작업 진행 과정 기록은 회기를 준비하며 프로그램을 시작하기 전에 준비 과정과 본작업의 활동 내용과 순서를 사실적으로 기록해야 한다.

집단치료사가 가장 주의를 기울여 기록해야 하는 것은 집단에 대한 관찰과 평가의 부분이다. 관찰에 대한 기록은 집단 안에서 일어난 작업 과정의 분위기, 구성원의 감정변화나 상화작용, 작품에 대한 나눔과 구성원의 반응, 피드백 과정에 대한 모든 사실을 치료사의 언어가 아닌 구성원의 언어로 있는 그대로 객관적으로 기록해야 한다. 좋은 기록은 회기의 목표에 초점을 두고 집단 전체와 구성원 개인이 회기 과정 중에 보여준 행동과 감정의 변화가 어떠했는지 사실적인 내용을 논리적으로 전개해야 하며 비밀보장의 윤리성에 근거하여 관찰한 내용을 기록하는 것이다.

7) 평가하기와 향후 계획

회기 과정의 기록이 끝나면 회기에 대한 평가와 다음 회기에 대한 향후 계획을 기록한다.

회기에 대한 평가는 회기 시작을 위한 준비부터 회기를 마무리하는 전 과정에서 지속적으로 이루어져야 한다. 집단치료사는 구성원 전체에 대한 집단 참여도와 행동 특성에 대해 평가하고 구성원 각각의 참여 태도와 반응에 대해 평가해야 한다. 이러한 평가를 바탕으로 집단 전체와 개인구성원의 회기 목표 달성 정도를 평가해야 하는데, 모든 평가 과정에서는 치료자의 전문적인 견해가 명확하게 기록되어야 한다. 평가가 끝나면 기록된 내용을 근거로 다음 회기와 향후 진행될 프로그램에 대해 계획해야 한다.

6 집단미술치료사의 역할

집단미술치료의 효과성은 집단치료사가 어떠한 태도로 그 역할을 적절히 수행했느냐에 따라 달라질 수 있다. 집단치료사는 전문적인 지식과 기술을 갖춘 집단의 리더로서 전체 프로그램과 회기를 이끌어가며 집단이 잘 발달하도록 돕는 역할을 해야 한다. 집단치료사의 역할을 구체적으로 살펴보면 다음과 같다.

1) 인간적인 리더의 역할

집단의 분위기와 집단의 성장 정도는 집단치료사의 인간적인 태도에 따라 많은 영향을 미친다. 집단치료사가 가지고 있는 인간적인 따뜻함과 인간에 대한 존중은 집단구성원의 성장을 돕는다. 그러므로 치료사는 인간에 대한 사랑과 믿음으로 있는 그대로의 인간 그 자체를 존중해야 하며, 집단과 개인은 고유한 존재이며 서로 다를 수 있다는 개별성을 수용해야 한다. 치료사가 집단을 이끌어감에 있어서 성숙한 인간적 태도를 갖추고 이를 치료적 도구로 사용하면 집단구성원은 좀 더 성장하게 되고 행복한 삶을 살아가게 될 것이다.

2) '안전한 울타리'의 역할

집단치료사는 '안전한 울타리'로서의 치료 환경을 구축하여 구성원에게 치료 현장이 든든하고 보호받을 수 있는 신뢰의 공간임을 느낄 수 있도록 해야 한다. '안전한 울타리' 안에서 제공되는 따뜻하고 보호받는 환경은 구성원이 마음껏 부정적인 감정을 표출하고 자기개방을 할 수 있도록 돕는다.

3) '촉진자'의 역할

집단치료사는 집단의 특성을 이해하고 안정적이고 수용적이며 활기찬 집단 분위기와 환경을 조성하도록 노력해야 한다. 구성원은 이러한 집단 분위기 속에서 이루어지는 미술활동을 통해 적극적인 의사소통과 상호 작용이 일어나며 자신을 개방하고 관계 형성을 촉진하며 서로의 성장을 돕는다. 집단치료사는 집단구성원의 성장 가능성과 잠재력을 끝까지 믿고 지지해야 하며 이러한 과정에서 집단구성원뿐만 아니라 치료사 자신도 자신의 내면을 성찰하고 더불어 성숙하게 된다.

4) '담아주는 그릇'의 역할

집단치료사는 구성원의 활동에 대해 비판이나 이성적 해석을 자제하고 헌신과 인내로 집단구성원이 표현하는 감정을 담아주는 온전한 그릇이 되어야 한다. '담아주는 그릇'으로서의 치료사가 되기 위해서는 치료자 자신의 감정을 다룰 수 있는 성숙함이 있어야 한다. 그러므로 집단을 이끄는 리더로서의 치료사는 구성원 개인 혹은 집단과 맺는 관계 안에서 성실성을 바탕으로 신뢰를 형성하고 유지해 나아감으로 집단구성원을 보호하며 바람직한 행동모델로서의 역할을 수행해야 한다.

5) '경청하는 자'의 역할

집단치료사는 구성원의 행동과 몸짓, 얼굴표정, 언어표현을 비롯한 감정의 변화 등에 세심한 관심을 표명하고 그들의 메시지에 귀를 기울이며 경청하는 자세를 가져야 한다. 또한 집단에서 이루어진 미술활동이나 작품결과물은 심층의 언어로 표현된 구성원 내면의 이야기이므로 그 이야기를 알아차리고 존중하는 마음으로 바라보아야 한다.

6) '반영하는 자'의 역할

반영이란 구성원이 행동이나 말로 표현한 주요 감정을 치료사의 말과 느낌, 태도, 행동으로 받아주고 되돌려 표현해 주는 것이다. 필요할 경우 집단치료사는 집단이나 각 구성원의 작업에 반영적 작업을 시도할 수 있다. 이러한 반영은 구성원에게 자신의 숨어있는 감정이나 느낌을 알아차리는 기회를 제공하고 공감과 지지받는 느낌을 갖게 한다.

7) 전문가로서의 역할

집단치료사는 프로그램 활동이 원만하게 시작되도록 돕고 집단 목표를 위한 방향을 제시하며 집단의 발달 단계에 따라 적합한 활동을 제시할 수 있어야 한다. 그러므로 대상에 따른 발달과업과 심리학에 대한 지식을 습득하고 미술 매체의 효과성이나 활용방법을 인지하여 프로그램에 적용함으로써 미술활동을 통해 구성원 스스로 자신을 이해하고 변화할 수 있도록 도와야 한다.

1. 정신분석학적 접근
2. 분석심리학적 접근
3. 인간중심적 접근
4. 게슈탈트적 접근
5. 개인심리학적 접근
6. 인지행동치료 접근
7. 애착이론적 접근

3rd 두드림

상담이론

Sigmund Freud, 프로이드

Carl Gustav Jung, 융

Alfred Adler, 아들러

1 정신분석학적 접근

1) 인간관

정신분석학은 프로이드(Sigmund Freud: 1856–1939)에 의해 창시되었다. 프로이드가 말하는 인간은 모든 행동, 사고, 감정은 본능의 지배를 받고 있는 생물학적 존재이며, 모든 행동과 정신적 현상에는 반드시 어떠한 원인이 있다고 생각하여 인간을 결정론적 존재로 보았다. 또한 인간은 우리가 의식하지 못하는 무의식적 힘에 의해 행동하는데, 여기에는 금지된 소망, 욕구, 환상 등이 포함되어 있다(영남대학교 미술치료연구회, 2011).

2) 주요 개념

(1) 본능이론

본능이란 인간이 가지고 있는 유전된 생물학적 욕구를 말한다. 프로이드는 인간의 성적 본능과 공격적 본능의 역할을 강조하였는데 이는 성격의 기본 요소이며, 신체적·정신적 욕구와 소망을 연결하는 에너지인 것이다(천성문 외, 2016).

프로이드의 성적 본능은 성적 에너지를 포함하며 이를 리비도(Libido)라고 하였는데, 리비도는 인간의 생존을 위한 기본적인 생물학적 욕구를 충족시키는 에너지이다. 그뿐만 아니라 즐거움과 쾌락을 추구하는 에너지로서 인간을 창조적으로 성장 발달하게 하는 원동력이 된다.

후에 프로이드는 리비도의 개념을 성적 본능을 포함하여 인간이 추구하는 모든 삶의 본능적 에너지로 확장시켰다. 프로이드가 말하는 '삶의 본능(에로스, Eros)'은 새로운 자극을 적극적으로 수용하고 통합하고자 하는 욕구를 포함한다. 또한 프로이드는 인간의 무의식적인 자기파괴적·자기처벌적 경향에 주목하고 인간의 공격적 본능을 '죽음의 본능(타나토스, Thanatos)'이라는 개념으로 설명하였다. 즉, 인간은 때때로 타인을 죽이거나 해치려는 적개심을 보이며 무의식적 소망을 공격적 본능으로 나타내는 파괴의 본능이 있다는 것이다. 이것은 생물체가 무생물로 환원하려는 본능으로 모든 생명체가 최초의 상태인 무기물로 돌아가려는 욕구이며 결국 모든 생명체의 궁극적인 목적은 죽음이다. 프로이드는 인간의 삶을 '삶의 본능'과 '죽음의 본능'의 결합체로 파악했다(이창재, 2016).

(2) 정신구조

프로이드는 인간의 정신세계를 의식, 전의식, 무의식으로 나누었다.

① 의식

의식은 현재 지각하고 있는 모든 것을 말한다. 프로이드는 의식을 '빙산의 일각'이라고 표현하며 인간 정신의 극히 작은 부분이라고 설명하였다. 의식은 '지금 이 순간'에 주의를 집중하고 있는 정신이며 매우 제한된 지각내용과 인식활동을 하고 있다. 그러나 의식의 탁월한 기능은 새로운 자극을 끊임없이 수용하므로 개인의 정신을 지속적으로 발달하도록 도울 수 있다(이창재, 2016).

② 전의식

전의식은 현재는 인식하지 못하지만 노력하여 주위를 기울이면 지각되는 것을 말한다. 전의식은 의식으로부터 밀려난 자극들로 구성되어 있으며 의식과 무의식의 중간에 위치한다. 전의식은 무의식이 직접적으로 의식으로 진입하지 못하게 함과 동시에 의식화 과정에서 받게 될지도 모르는 고통과 충격을 완화하는 역할을 한다.

③ 무의식

프로이드는 무의식을 수면 아래에 감추어진 빙산의 거대한 영역으로 비유했다. 무의식은 인간의 심층에 가라앉아 있어서 쉽게 알아차리거나 의식할 수 없지만 인간정신의 대부분을 차지하고 있다. 무의식에는 여러 종류의 본능 에너지가 존재하며, 인간이 태어나서 경험한 모든 것, 금지된 욕망과 환상, 고통스러운 상처, 억압된 모든 재료들이 저장되어 있어서 인간의 행동을 결정하는 데 중요한 역할을 한다.

(3) 성격구조

성격을 구성하는 기능적 구조는 원초아(Id), 자아(Ego), 초자아(Super ego)의 세 요소로 이루어져 있다. 인간의 심리적 에너지는 이 세 요소에 분배되는데, 성격의 역동은 전체로서 기능하기 때문에 어느 한 곳에 에너지가 몰입되면 다른 두 요소는 그만큼 에너지를 사용할 수가 없게 된다. 그러므로 이 세 요소 사이에서 이루어지는 심리적 에너지의 분배 정도는 인간의 행동을 결정한다.

① 원초아(Id)

원초아는 본능적인 충동의 덩어리로 생물학적 구성 요소에 해당된다. 원초아는 태어날 때부터 존재하며 즉각적인 본능의 만족을 추구하고 쾌락원리를 따르는 성격요소이다. 즉, 원초아는 성격의 유전된, 본능적인 측면을 모두 망라하며 무의식 상태에서 기능하는 정신에너지의 근본이다.

② 자아(Ego)

자아는 원초아로부터 발달하며 현실원칙에 따르는 이차적 과정으로 심리적 구성 요소에 해당된다. 즉, 자아는 원초아의 충동과 욕망을 현실이라는 외부세계에 수용될 수 있도록 통제하고 조절하는 중재 역할을 한다. 따라서 인간은 자아가 성장함에 따라 환경에 순응하고 적응하게 되며 외부환경을 고려하고 현실을 구별할 줄 아는 현실검증의 능력이 생긴다.

③ 초자아(Super ego)

초자아는 원초아의 쾌락이나 충동의 욕구를 억제하도록 하며, 자아의 현실원리보다는 도덕적 양심이나 이상을 추구하는 사회적 구성 요소에 해당된다. 초자아는 부모와의 경험이나 사회 문화적 가치들을 내면화하고 형상화한 것으로 외부의 영향을 많이 받는다.

초자아는 자아이상과 양심의 두 하위체계로 나뉘며 자아이상은 부모의 보상경험을 통해 발달하고 양심은 처벌경험을 통해 발달한다.

(4) 성격발달

프로이드는 인간의 행동 및 성격특성은 탄생 이후 생의 초기 경험에 의해 결정된다고 했다. 특히 생후 6년 동안의 경험은 매우 중요하며 이 시기에 경험한 갈등이나 좌절, 문제 해결방식, 태도, 관점 등이 무의식에 남아 성인기에 이르기까지 성격 및 행동 특성에 영향을 미치게 된다.

프로이드는 삶의 본능 에너지인 리비도가 신체의 어느 부위에 집중되는지에 따라 인간의 심리성적(Psychosexual) 발달 단계를 구분하였다. 출생에서 1세까지는 '구강기'로 빠는 욕구의 시기이다. 엄마 젖을 빠는 행위는 음식과 쾌락에 대한 욕구를 만족시킨다. 18개월에서 3세까지는 '항문기'로 배설과 보유의 욕구에 성적 쾌락이 집중되는 대소변 통제시기이다. 3~6세는 '남근기'라고 하며 자신의 성과 다른 성을 인식하는 시기이다. 이 시기의 아이들은 오이디푸스 콤플렉스와 엘렉트라 콤플렉스라고 하는 무의식적인 근친상간의 갈등을 이성의 부모들에 대해 발달시킨다. 6~12세에는 성적 충동의 '잠복기'로 성욕, 공격욕이 두드러지지 않고 숨어버리는 시기이다. 그러므로 성적인 흥미는 학교생활이나 또래와의 놀이 등 새로운 활동으로 대치된다. 13~18세 이후는 '성기기'로 사춘기에 시작되어 노령기까지 성욕, 공격욕을 직접적으로 표출하는 시기이며 실제 성 관계를 통해서 쾌락을 추구하게 된다.

(5) 불안

프로이드는 원초아, 자아, 초자아 간의 갈등이 야기되면 불안이 발생하여 두려움을 느낀다고 하였고, 현실 불안, 신경증적 불안, 도덕적 불안에 대해 설명하였다.

현실 불안은 외부세계에서 오는 위험이나 위협에 대해 두려움을 느끼는 것으로 실제적인 위험이 커지면 현실 불안도 커지는 비례 관계를 가진다. 신경증적 불안은 원초아인 본능의 쾌락이 통제되지 않아 처벌을 받을 것이라는 두려움에 기인한다.

도덕적 불안은 원초아와 초자아의 갈등에서 비롯된 불안으로 자신의 양심에 생기는 두려움이다. 신경증적 불안이나 도덕적 불안은 성격을 구성하는 인간의 내적 심리 에너지가 균형을 이루지 못하고 위협을 받을 때 생겨난다. 이러한 내적 에너지의 불균형으로 인한 불안은 적절한 조치를 취하지 않으면 자아가 붕괴되는 위험을 유발시킨다. 그러므로 불안의 발생은 성격구조 안에서 일어나는 갈등으로 인해 처해진 위험 사실을 자아에게 알리는 것이다.

(6) 자아방어기제

이성적이고 직접적인 방법으로 불안을 통제할 수 없을 때, 붕괴의 위기에 처한 자아를 스스로 보호하기 위해 무의식적으로 작동시키는 심리기제를 자아방어기제라고 한다(천성문 외, 2016). 개인이 사용하는 방어기제는 개인의 발달 수준과 불안의 정도에 따라 다르며 성격구조 간의 내적 갈등이 발생할 때 방어기제를 사용하여 불안을 극복하고 자아가 불안에 압도되지 않도록 한다(Corey, 2008).

우리나라에서는 1991년 한국인의 독특한 문제 해결방식, 적응양식을 고려한 '이화방어기제 검사'를 개발하여 표준화하였다. 이화방어기제 검사에 수록된 척도 내용을 살펴보면 다음과 같다(김재은 외, 1991).

① 허세(Slow-off)

한국인 특유의 적응방식으로 실제의 자신보다 우월한 자아상을 겉으로 표현하는 것이다. 실속보다는 외양을 중요하게 여기며 남 앞에서 과시하는 행동이나 태도를 취한다.

② 반동형성(Reaction formation)

용납될 수 없는 생각, 충동, 욕구를 과도하게 억압한 후 그와는 정반대의 감정이나 행동을 겉으로 표현하는 것이다. 예를 들면 반항성을 과도한 상냥함으로 은폐하거나 잔인성을 지나친 친절로 위장하는 경우 등이 있다. 반동형성에서 나타나는 감정표현이나 행동은 상황에 어울리지 않고 매우 과장되어 부자연스럽다는 특징이 있다.

③ 동일시(Identification)

자신이 중요하다고 느끼거나 존경하는 대상의 힘을 내면화하여 일체감을 느끼는 것이다. 열등하다고 느끼는 사람들은 자신을 가치 있다고 느끼기 위해 동일시하려는 대상의 특징, 행동 가치관을 모방하고 따라하며 닮으려고 한다.

④ 수동공격행동(Passive-aggressive behavior)

타인에 대해 숨겨진 분노감이나 공격적 감정을 의도적이고 감추어진 방식으로 간접적으로 표현하는 것이다. 수동적·저항적 공격행동으로는 의도된 실수, 꾸물거리기, 못 들은 척하기, 침묵, 반대로 행동하기, 고의로 잊어버리기, 무능한 척하기, 심술궂은 행동, 고집부리기, 비협조적 태도 등 다양한 방식으로 나타난다.

⑤ 투사(Projection)

자신이 인정하고 싶지 않은 욕망이나 충동이 타인에게 속한 것이라고 지각하는 것이다. 즉, 내 안의 것을 인정하지 않고 타인에게 전가시키거나 귀인시키며 내 탓이 아니라 남 탓이라고 보는 것으로 오해, 책임전가, 현실왜곡이 나타나게 된다.

⑥ 전치(Displacement)

위협적인 대상에게 느끼는 충동, 욕구, 공포, 불안, 분노감 등을 직접 표현하지 못하고 좀 만만하거나 안전한 대리 대상에게 옮겨서 해소하는 것이다.

⑦ 부정(Denial)

받아들이기 힘든 현실의 고통이나 경험, 충격적인 상황을 인정하지 않고 거부하며 눈을 감아버림으로 불안에 대처하는 방식이다.

⑧ 통제(Controlling)

주변 상황이나 사건, 대상을 조정하고 이용하여 자신의 내적 갈등이나 불안을 완화하려는 것이다. 그러므로 통제 방어기제를 과다하게 사용하는 사람은 주변의 일에 지나치게 간섭하거나 개입하고 타인의 행동을 조정하거나 선동하려는 태도를 보인다.

⑨ 억제(Suppression)

갈등이나 욕구가 다루어질 수 없는 상황일 경우 의식적으로나 반의식적으로 자신의 생각과 느낌을 보류시키고 눌러버리는 것이다.

⑩ 왜곡(Distortion)

내적인 욕구 충족을 위해 환상, 과대망상, 과장된 신념 등을 사용하여 현실에서의 상황을 왜곡시킨다.

⑪ 예견(Anticipation)

미래에 닥칠 걱정스러운 결과에 대한 불안에 대처하기 위해 미리 상황을 예견하여 계획하고 준비하며 현실적인 대안을 탐색하는 것이다.

⑫ 합리화(Rationalization)

스스로 용납할 수 없는 자신의 태도나 행동을 정당화시키거나 자신에게 느낀 실망감을 감소시키기 위해 타당한 이유를 만들어 변명함으로써 자신의 태도가 정당한 것으로 느껴지게 하는 것이다.

⑬ 해리(Dissociation)

해리는 정상적으로 통합되어야 하는 개인의 의식, 기억, 정체감, 환경에 대한 지각 등이 붕괴되어 경험한 내용이 의식에까지 이르지 못하게 된 상태이다. 즉, 고통스러운 사건이나 불안을 회피하기 위해 자신의 인격을 나누거나 제거하여 평소와 매우 다른 방식으로 행동을 하면서 자신을 보호하고, 죄책감에서 벗어나는 것이다.

⑭ 신체화(Somatization)

심리적 갈등이 신체증상으로 전환되어 나타나는 것으로, 생리학적인 이상이 없음에도 불구하고 신체적 고통을 반복적으로 나타내면서 갈등을 회피하려고 하는 것이다.

⑮ 승화(Sublimation)

사회적으로 바람직하고 생산적이며 용인된 방법으로 심리적 갈등을 해소하는 것이다. 예를 들면 자신의 원초아적 욕구가 예술 활동으로 표현되거나, 공격성을 운동이나 취미 등으로 표출하는 것이다.

⑯ 행동화(Acting out)

무의식적 욕구나 분노를 즉각적이고 충동적인 행동을 함으로써 감정을 발산하고 충족시키는 것으로 자신이 행동한 이후의 결과에 대해 미리 생각하지 않는다. 이때의 행동은 개인의 통제를 벗어난 충동수준에서 일어나므로 부정적인 결과가 뒤따르게 된다.

⑰ 이타주의(Altruism)

타인을 돕거나 희생적인 봉사를 통해 대리적인 충족과 만족감을 얻는 것이다. 이는 타인의 반응이나 스스로의 감정적 충족을 통해서 내적 욕구를 해소하는 경우이다.

⑱ 퇴행(Regression)

현재의 연령수준에 알맞은 방식으로 자신의 갈등을 해결하기보다는 이전의 발달 단계로 후퇴하여 미성숙하고 부적절한 행동으로 불안에 대처하려는 것이다.

⑲ 유머(Humor)

타인이나 자신에게 불쾌감을 주지 않으면서 낙천적이고 여유로운 방식으로 문제를 해결하는 것이다. 성숙한 인격을 가지고 있고 자아강도가 강한 경우 유머 방어기제를 사용할 가능성이 높다.

⑳ 회피(Evasion)

갈등이나 문제 상황으로부터 무조건 도피하려는 소극적인 행동으로 외적 상황에 순응하거나 문제 해결을 체념하는 행동방식이다.

3) 정신분석학적 상담

정신분석학적 상담의 목표는 무의식의 의식화를 통해 자기이해와 성장을 촉진하고 현실에 적응하도록 자아를 강화시키는 것이다(천성문 외, 2016). 심리적 문제를 해결하기 위해서는 무의식에 잠재되어 있는 자신의 감정, 행동, 생각, 갈등이나 불안을 표현하고 자각해야 한다. 또한 치료 상황에서 발생하는 전이와 저항의 문제를 분석하고 해석을 통해 그 이유를 인식해야 한다.

정신분석적 상담의 원리는 문제 행동의 의미를 해석하고 원인을 밝히는 과정에서 내담자 스스로 자신의 행동 패턴을 깨닫고 통찰이 일어나도록 하는 것이다. 내담자는 이러한 통찰의 과정을 통해 본능적 충동에 휘말리지 않고 무의식의 갈등에 대한 해결을 시도하게 되므로 현실에 바탕을 두고 성숙한 삶을 살아갈 수 있게 된다.

4) 정신분석학적 미술치료

(1) 정신분석학적 미술치료 접근

정신분석학적 미술치료는 미술을 상징적 언어의 형태로 보고 있다. 그러므로 자발적인 미술표현을 통해 이미지를 표출하면서 무의식을 의식화할 수 있도록 한다. 이러한 시각적 심상의 표현은 내담자가 가지고 있는 다양한 내면의 역동을 알아차리고 통찰할 수 있는 기회를 제공한다. 치료사는 내담자의 작품에 표현된 무의식의 자료들을 이끌어내고 그 의미를 해석하며 작업 과정에서 승화를 경험하도록 돕고 내담자가 스스로 자신을 이해하고 성장할 수 있도록 돕는다.

(2) 미술치료 기법

무의식을 탐색할 수 있도록 신체의 이완을 촉진하는 감각적 활동이나 자유연상 기법이 사용된다. 자유화, 꿈 그리기, 어린 시절 그리기, 난화나 핑거페인팅, 9칸 그림, 자극도형 그림 등을 이용하여 내담자가 자유롭게 이미지를 연상하고 떠오른 이미지로 장면을 완성하는 기법을 적용할 수 있다.

2 분석심리학적 접근

1) 인간관

융(Carl Gustav Jung: 1875-1961)은 프로이드가 주장한 성욕중심설과 인과론적 결정론에 대해 비판적인 입장을 취하였다. 융은 무의식이 자율성을 가진 창조적인 기능이 있으므로 무의식이 인간에게 말해 주는 목적을 살펴보고 실현해야 한다고 주장했다. 즉, 융의 분석심리학은 정신의 지향성과 목적성을 알고자 하는 목적론적 입장이다.

분석심리학에서 보는 인간의 본질은 정신의 전체성(全體性)에 있다(이죽내, 2011). 인격의 전체를 정신이라고 하는데 인간은 이미 전체성을 갖고 태어난 전일적인 존재이며, 자신의 전체성을 이루기 위해 나아가는 유기체적 존재이다. 융은 정신이 전체성을 향해 가는 과정을 개성화 과정이라 하였고 분석심리학의 목적은 개성화 과정을 통해 인간 정신의 전체성을 실현하는 것이다.

2) 주요 개념

(1) 정신구조

융은 정신의 구조를 의식과 무의식으로 나누고 무의식은 개인무의식과 집단무의식으로 구성되어 있다고 하였다.

① 의식과 자아

- 의식

우리가 지각하면 알 수 있는 나의 마음을 의식이라 한다. 의식은 외부세계에 관한 지각의 산물이며 전체 정신의 작은 일부분이다.

- 자아: Ego

작은 정신인 의식의 중심에 자아가 있다. 자아는 외부세계와 관계를 맺을 뿐만 아니라 내부세계인 무의식과도 관계를 맺고 교류하고 조정하는 역할을 한다(이부영, 2007). 그러므로 자아는 현실생활을 선택하는 집행자의 역할을 하며 현재 우리가 의식하는 감정, 생각, 기억, 지각 등으로 구성되어 있다. 인간은 자아를 통해 자신을 외부에 표현하고 외부현실을 인식하게 된다.

② 무의식

무의식은 우리가 가지고 있으나 아직 모르는 정신의 모든 것이며 무의식의 세계는 바다와 같이 넓고 깊다. 무의식에는 많은 심리적 요소가 존재하며 무의식을 인식하고 의식에 동화시킬 때 인간의 의식은 성숙하게 된다(이부영, 2014). 융은 무의식이 무한한 가능성의 에너지가 저장되어 있는 창조의 샘이며, 자율성이 있고 의식에서 결여된 것을 보충해 주는 보상작용을 하는 중요한 기능이 있다고 했다.

무의식은 개인무의식과 집단무의식 두 개의 층으로 구분된다.

- 개인무의식

개인이 탄생 이후 살아가면서 체험한 일들이나 의식되었던 기억, 감정, 사고 등을 억압하거나 잊어버린 내용, 무시되었던 내용들로 구성되어 있다. 그뿐만 아니라 개인무의식에는 자극의 강도가 약하거나 주의력이 모자라 의식의 수준까지 미치지 못한 모든 내용들도 포함되어 있다(이부영, 2007). 그러므로 개인무의식의 모든 내용은 개개인의 삶의 특징을 내포하고 있다.

• 집단무의식

집단무의식은 인간이 태어날 때 이미 선천적으로 가지고 있는 무의식의 층으로 일반적이고 보편적인 인류의 특성이 포함되어 있다. 집단무의식은 원형(原型) 또는 태고유형(Archetype)이라 부르는 원초적 상과 관념, 그 민족의 특징(민족의 원형) 등에 의해 구성되며, 인류의 보편적 산물인 종교, 신화, 민화 등을 통해 집단무의식을 간접 경험할 수 있다.

(2) 원형

원형은 집단무의식 안에 존재하며 성격을 형성하는 주요한 구성 요소로 인류 역사를 통해 축적된 수없이 많은 원초적이며 선험적이고 보편적인 이미지가 포함되어 있다.

① 그림자(Shadow)

무의식의 의식화 과정에서 가장 먼저 대면하는 것으로 자아의 열등한 인격이 그림자이다. 즉, 스스로 용납하기 어려워서 의식적으로 거부하거나 억압한 것으로 무의식적인 측면에 있는 나의 어두운 분신이 그림자이다. 자신의 그림자를 인식하는 것은 인격 성숙을 위해 매우 중요한 작업이다. 그림자를 자신의 인격의 일부로 받아들일 때 우리는 생명력, 자발성, 창조성을 발휘할 수 있는 원동력을 얻게 된다.

② 개성(페르소나, Persona): 외적 인격

인간은 외부세계와의 관계에서 필요한 사회적 적응태도와 역할이 주어지는데 이를 페르소나라고 한다. 즉, 집단정신의 한 부분으로 개인이 사회적 역할에 적응하기 위한 가면이며 정신의 외면, 외적 인격을 말한다. 사회적 집단은 개인에게 지켜야할 행동규범, 약속, 역할, 의무 등을 요구하고 인간은 사회가 부여한 가치관, 도리와 본분, 도덕 등을 지키며 살아가게 된다. 그러므로 자아는 외부세계인 집단생활에 적응하는데 필요한 여러 가지 행동양식을 익히고 집단정신에 동화하면서 페르소나를 형성하게 된다. 페르소나는 남에게 보여주는 나의 모습이며 이는 시대적, 문화적, 환경적 상황에 따라 변화하기도 한다.

③ 아니마(Anima)와 아니무스(Animus): 내적 인격

인간은 누구나 양성성을 가지고 태어나는데, 남성 안에 잠재되어 있는 여성성을 아니마(Anima), 여성 안에 잠재되어 있는 남성성을 아니무스(Animus)라고 한다. 아니마와 아니무스는 무의식 속에 존재하는 내적 인격의 특성이며, 아니마는 어머니에 의해 형성되고 아니무스는 아버지의 영향을 받는다. 남성 속에 존재하는 여성성, 여성 속에 존재하는 남성성을 이해하고 개발하여 균형을 이룸으로써 성숙한 인간으로 성장할 수 있다.

④ 자기(Self)

의식과 무의식을 통합한 성격의 중심에 자기(Self)가 있다. 자기는 그 사람 '자신'이며 그 사람이 있는 그대로의 '전체'이고 그 사람의 '본성'이다(이부영, 2007).

인간의 무의식에는 누구나 전체가 되고자 하는 힘이 있다. 그러므로 자기(Self)는 페르소나, 아니마, 아니무스, 그림자 등을 잘 통찰하도록 이끌고 성격을 통합시켜 그 사람 전체 인격 즉, 진정한 의미의 개성을 찾도록 한다.

(3) 자기실현(개성화)

자기실현은 개성화라고도 하며 그 사람의 전부가 되어 진정한 개성을 실현하는 것을 말한다. 개성화는 의식의 중심에 있는 자아가 자신의 무의식적 정신세계를 깨닫고 통합하는 과정을 거쳐 전체성의 중심인 자기(Self)에 도달할 때 이루어진다. 그러나 인간은 무의식을 남김없이 의식화할 수 없으므로 완전한 자기실현은 불가능하고 완전성보다는 원만성을 끊임없이 추구해야 한다.

3) 분석심리학적 상담

분석심리학적 상담의 목적은 무의식을 의식화하고 개성화 과정을 촉진함으로써 그 자신의 전체가 되도록 하는 것이다. 상담자는 성격발달이 이루어지는 단계의 특징을 이해하고 인생의 전반기에는 분화의 과정을 통해, 인생의 후반기에는 통합의 과정을 통해 개성화를 이룰 수 있도록 돕는다.

4) 분석심리학적 미술치료

(1) 분석심리학적 미술치료 접근

분석심리학적 미술치료는 인간 정신이 가지고 있는 고유한 특성인 치유적인 힘을 발휘하여 의식을 변화시키고 정신의 전체성을 회복하도록 하는 것이다. 미술작업을 통해 심상을 시각적으로 형상화하는 과정은 무의식의 창조적 기능을 활성화시키며 자기치유력이 반영되어 궁극적으로 인격의 변화가 일어나도록 돕는다. 그러므로 미술작업 과정 속에서 무의식의 조절력을 체험하는 것은 정신 내면이 조화와 균형을 이루어 가는 과정이며 스스로 치유해낼 수 있는 힘이 있음을 확인하는 과정이다. 또한 내담자로 하여금 작업에 표현된 무의식의 상징적 의미를 깨닫고 통찰을 통해 현실에 적응하도록 돕는 것이다(이유경, 2005).

(2) 미술치료 기법

분석심리학적 미술치료 기법으로는 무의식을 자연스럽게 표현할 수 있는 다양한 기법을 적용할 수 있다. 꿈 그리기, 만다라 그리기, 자유화, 점토로 자유조형물 만들기, 나의 외면과 내면 표현하기, 가면 만들기 등의 기법을 사용할 수 있으며, 적극적 상상을 통해 더 깊은 내면과의 만남을 시도할 수 있다.

3 인간중심적 접근

1) 인간관

로저스(Carl Rogers: 1902–1987)의 인간중심치료는 인본주의 심리학에 근거한 이론이다. 로저스는 인간을 본질적으로 선하고 신뢰할 수 있는 존엄한 대상으로 자신의 문제를 해결할 수 있는 자주적인 존재로 보았다. 또한 인간은 '충분히 기능하는 사람'으로 자기실현을 하는 경향성을 띠며 무한한 성장과 발전이 가능한 존재로 보았다. 그래서 인간중심치료에서는 인간 자체를 존중하고, 개인의 과거 경험보다는 현재 상태에 주목하며, 독특한 주관적 경험을 강조하고 있다.

2) 주요 개념

(1) 유기체(Organism)

유기체는 신체, 정서, 지식, 영성 등을 지닌 전체로서의 인간을 말한다. 인간은 어떠한 자극이 있을 때 그 자극에 대해 유기체로서 반응한다. 즉, 인간은 경험하는 모든 사고, 감정, 행동, 신체적 존재 등의 자극에 대해 전체로서의 한 개인이 그 자극에 반응하게 되는데 이를 유기체적 경험이라고 한다. 유기체적 경험에서는 대상이나 사건 그 자체가 중요한 것이 아니라, 한 개인이 그 대상이나 사건을 어떻게 지각하고 해석하는지가 중요하다.

(2) 자기(Self)

자기는 성격구조의 중심으로 자신에 대해 갖고 있는 조직적이고 지속적인 인식을 말한다(천성문 외. 2016). 자기는 유기체로 경험하고 지각하는 현상학적 장에서 중요한 타인과의 상호 작용을 통해 분화하기 시작하고 성장하며 변화한다.

현실적 자기(Real self)는 현재 자신이 처해 있는 상황의 자기이며, 이상적 자기(Ideal self)는 자기가 추구하는 이상향이자 목표이다. 현실적 자기와 이상적 자기의 불일치는 개인에게 동기를 부여하는 원동력이 되지만 불일치의 차이가 클수록 불안과 긴장 등의 심리적 부적응을 경험하게 된다.

(3) 현상학적 장(Phenomenal field)

모든 개인은 끊임없이 변화하는 경험적 세계에 존재하고 이에 대해 반응한다.

현실은 개인이 경험하고 지각한 장이며 이를 '현상학적 장'이라고 한다. 즉, 경험적 세계와 주관적 세계에서 유기체로서 경험한 모든 것(의식 · 무의식, 내적 · 외적)이 현상학적인 영역이다. 동일한 현상에서도 각각의 개인은 자신이 경험하고 지각한 현상학적 장에 따라 현실을 재구성하므로 서로 다르게 독특한 특성과 반응을 보이며 행동하게 된다.

(4) 실현화 경향성(Actualization tendency)

인간은 태생적으로 자기성장과 자기증진을 위해 끊임없이 노력하며 현실의 고통이나 성장 방해 요인을 극복할 수 있는 성장 지향적 유기체이다. 그러므로 모든 유기체는 스스로 더 나은 방향으로 형성되고자 하는 자기실현의 경향성을 지니고 있다(Rogers, 1977). 실현화 경향성은 자기 자신이 되고자 하는 것이며 이는 유기체를 실현하기 위해 단순한 실체보다는 복잡한 실체로, 의존에서 독립으로, 경직성에서 융통성과 자유로운 표현으로 변화하고자 하는 것을 말한다.

(5) 가치조건화(Conditions of worth)

가치조건화는 아이가 태어나서 성장하면서 외부환경으로부터 경험하며 만들어 가는 가치를 말한다. 아이의 가치조건은 의미 있는 대상과의 관계에서 오는 자기의 경험이 긍정적인가 혹은 부정적인가로 평가하고 판단하게 된다.

아이는 성장하며 무조건적인 긍정적 존중을 받으려는 욕구가 생겨나고 이 욕구의 만족은 의미 있는 중요한 타인으로부터 부여 받게 된다. 아이는 욕구만족을 위한 가치를 형성하는 과정에서 애정을 얻으려는 욕구와 유기체의 실현화 욕구가 상충된다(영남대학교 미술치료연구회, 2011). 이러한 가치조건화는 아이의 주관적 경험을 왜곡 또는 부정하기 때문에 자기실현 경향을 방해하는 원인이 된다. 그러므로 아이는 자신의 욕구나 내적 경험을 무시하고 부모가 원하는 착한아이가 되기도 하는데, 이는 내적 경험과의 불일치를 가져오고 불안과 갈등을 유발하며 성장을 방해하기도 한다.

(6) 충분히 기능하는 사람(Fully functioning person)

충분히 기능하는 사람은 계속적으로 변화하는 과정 중에 있는 사람으로 현재 자신의 자아를 완전히 자각하는 사람이다. 충분히 기능하는 사람의 특성은 자신의 유기체를 신뢰하고, 자신이 겪는 경험에 개방적이며 매 순간에 충실한 실존적 삶을 살아간다. 또한 창조적이며 제약이나 억제 없이 선택의 자유를 가지고 자신을 실현해 가는 사람이다(이경숙, 2014).

3) 인간중심적 상담

인간중심적 상담의 목표는 내담자의 자기개념과 유기체적 경험 간의 불일치를 제거하여 충분히 기능하는 사람이 되도록 조력하며, 자신의 잠재력을 최대한 발휘하고 자기실현 방향으로 나갈 수 있도록 돕는 것이다. 그래서 내담자 중심으로 치료가 진행되며 내담자의 문제보다는 인간 자체를 존중하고, 개인의 과거 경험보다는 현재 상태를 더 강조하고 있다. 상담자가 내담자를 있는 그대로 수용하고 공감적으로 이해하게 되면 내담자는 자기실현의 경향성에 따라 현실의 문제를 극복하고 성장한다.

4) 인간중심적 미술치료

(1) 인간중심적 미술치료 접근

인간중심적 미술치료는 내담자가 가지고 있는 성장의 힘을 믿고 미술이라는 매체를 통해 자기실현을 할 수 있도록 돕는다. 창조적 활동을 위한 치료공간은 안전감과 수용된 느낌을 제공하여 충분히 자유로운 표현이 가능하도록 한다. 내담자는 삶의 주제를 자신으로 두고 스스로 매체나 주제를 선택할 수 있으며 언어로 표현하기 힘든 것들을 미술작업을 통해 경험한다.

치료자는 긍정적 존중, 공감적 이해를 바탕으로 내담자가 내적인 힘을 얻어 스스로 자기를 성장시켜서 충분히 기능하는 사람이 되도록 돕는다. 또한 치료자는 완성된 작품에 대한 일반적인 해석을 지양하고 내담자가 느끼고 떠오르는 주관적 감정이나 상징, 심상 등을 반영하도록 한다. 즉, 인간중심 미술치료는 인간이 자기 삶의 창조자로서 주체성을 가지고 열등감을 극복할 수 있도록 자기인식의 경험과 성장의 기회를 제공한다. 미술표현활동을 통해 내담자는 정상적인 삶을 영위하기 위한 변화를 받아들일 용기를 갖게 되며, 현실의 왜곡이나 불안에서 벗어나는 상황을 구체적으로 그려봄으로써 이를 극복할 수 있도록 한다.

(2) 미술치료 기법

인간중심적 미술치료에서는 비지시적 치료 접근을 통해 내담자가 스스로 미술매체를 선택하고 주제를 정하며 표현한 것에 대해 존중한다. 특별한 기법의 사용보다는 다양한 기법을 응용하여 치료사와 내담자 간의 치료적 관계를 증진시키거나 내담자가 무조건적인 존중을 경험할 수 있도록 한다.

내담자가 자유로운 이미지를 표현하고 치료사가 이를 수용하며 반응하는 방법의 다양한 기법, 내담자의 작업에 치료사가 배경 그려 주기(지지적 환경 경험), 수용적 돌려 그리기 기법 등을 적용할 수 있다.

4 게슈탈트적 접근

1) 인간관

게슈탈트 상담은 펄스(Fritz Salomon Perls: 1893–1970)에 의해서 창안되었으며 우리나라에서는 게슈탈트라는 용어의 의미를 담아 형태치료라고도 한다.

게슈탈트 상담은 개인의 행동은 개인의 심리적 장(Field) 안에서 스스로 지각한 전체 환경에 의해 결정된다는 르윈(Lewin)의 장이론(Field Theory), 지금–여기에 바탕을 두고 자신이 경험한 자료를 활용하는 실존주의 철학, 현실 지각을 강조하는 현상학적 접근을 기본전제로 하고 있다. 또한 게슈탈트 상담은 갈등의 상황을 내담자가 직접 경험하도록 하여 스스로 자신이 무엇을 어떻게 생각하고, 느끼고, 행동하는지를 이해하도록 하는 과정지향적인 경험치료이다.

이러한 기본 전제를 바탕으로 한 게슈탈트 상담은 인간의 행동은 감각, 신체, 정서, 지능, 환경 등 모든 요소들이 전체에 연결되어 있다고 보았으며, 각 요소가 상호 관련되어 어떤 역동을 보이는 지에 주목하였고 하나의 전체로 인간을 이해했다. 따라서 게슈탈트 상담에서는 인간을 전체로서의 유기체로 다루며 지금–여기의 알아차림에 초점을 두고, 인간의 각 요소가 균형 있게 기능하여 통합해야 한다고 강조한다(김정규, 1997).

2) 주요 개념

(1) 게슈탈트(Gestalt)

게슈탈트란 전체, 형태, 개체라는 뜻을 지니고 있으며, 개인에 의해 지각되는 자신의 행동동기이다. 즉, 게슈탈트는 개인이 대상을 지각할 때 부분들의 집합이 아니라 하나의 의미 있는 전체로 자신의 욕구나 감정을 조직화하여 지각한다는 것을 뜻한다. 인간은 어떤 상황 속에서 자신의 욕구나 감정, 환경조건과 맥락 등을 고려하여 가장 절실한 행동을 게슈탈트로 형성한다. 각 개인은 게슈탈트를 형성함으로써 자신의 모든 활동을 조정하고 해결해 나가며, 분명하고 강한 게슈탈트를 형성할 수 있는 능력이 있을 때 건강한 삶을 유지할 수 있다(천성문 외, 2016).

(2) 전경(Figure)과 배경(Ground)

어느 한 순간 관심의 초점이 되는 부분을 전경이라고 하고, 관심 밖에 놓여 있는 부분을 배경이라고 한다. 우리가 대상을 인식할 때, 관심이 있는 부분은 지각의 중심으로 떠오르는 전경이 되고 그렇지 않은 나머지 부분은 배경이 된다.

한 사람이 게슈탈트를 형성하는 것도 지각된 전경과 배경의 형성으로 이루어진다. 게슈탈트를 형성한다는 말은 개체가 어느 순간에 가장 중요한 욕구나 감정이 전경에 떠올랐다는 말과 같은 뜻이다. 건강한 사람은 매순간 자신에게 가장 중요한 게슈탈트를 전경으로 떠올려 해결한 후 배경으로 보내고 또 다른 게슈탈트를 형성한다. 이러한 순환 과정을 게슈탈트의 형성과 해소라고 부른다. 이처럼 전경과 배경의 생성과 소멸이 방해받지 않고 잘 진행되느냐 혹은 그렇지 않느냐에 따라 적응과 부적응의 현상이 나타난다.

(3) 미해결 과제(Unfinished business)

미해결 과제는 개체가 게슈탈트를 형성하지 못하거나 게슈탈트를 적절하게 해소하지 못하여 배경으로 보내지 못한 상태를 의미한다. 미해결 과제가 많을수록 심리적, 신체적 장애를 일으키기 때문에 게슈탈트 상담은 미해결 과제를 완결 짓는 일을 매우 중요한 목표로 생각한다. 미해결 과제를 끊임없이 전경으로 떠오르도록 노력하고 자신의 욕구와 감정을 회피하지 않고 '지금-여기(here and now)'를 알아차리는 것이 미해결 과제를 해결하는 방법이다.

(4) 알아차림(Awareness)과 접촉(Contact)

알아차림은 개체가 자신의 유기체의 욕구나 감정을 지각한 다음 게슈탈트를 형성하여 전경으로 떠올리는 행위이다. 알아차림은 누구에게나 자연스럽게 갖추어져 있는 능력이지만 자기 자신을 위해 끊임없이 생각하고, 느끼고, 감지하고, 행동하고, 인식할 때 이루어진다.

접촉은 건강한 삶을 살기 위해 게슈탈트를 완성하고자 하는 에너지의 흐름이 크게 방해 받지 않는 것을 말한다. 즉, 전경으로 떠오른 게슈탈트를 해소하기 위해 환경과 상호 작용을 하는 행위이며 에너지를 동원하여 실제로 환경과 만나는 행동이다. 따라서 접촉은 알아차림과 함께 서로 보완적으로 작용하여 게슈탈트의 형성과 해소의 순환 과정을 도와주며 유기체의 성장에 이바지한다. 이렇듯 게슈탈트가 잘 생성되고 해소하는 반복 과정을 알아차림-접촉 주기라고 부른다. 건강한 유기체는 알아차림-접촉 주기를 반복하며 성장하지만, 접촉경계혼란으로 알아차림-접촉 주기가 단절되면 미해결 과제는 계속 쌓여 가고 마침내 심리적 장애로 나타날 수 있다.

3) 게슈탈트 상담

게슈탈트 상담의 기본 목표는 내담자가 자신의 경험과 행동을 인식함으로 인해 인격의 통합과 균형을 가져오도록 하고 삶의 전체성을 추구하도록 하는 것이다.

즉, 내담자가 현재의 환경에서 부적응을 경험하는 것은 게슈탈트를 생성하고 해소하는 과정에서 방해를 받은 것이므로 현재의 감정과 경험이 게슈탈트 형성에 어떻게 방해를 받는지를 인식하도록 한다. 이러한 과정을 통해 부적응의 게슈탈트를 제거하고 전경을 분명히 각성할 수 있도록 도우며 자기 자신의 삶에 대해 책임질 수 있는 전체로서의 자아를 형성하도록 한다(황성원 외, 2010). 또한, 회피하거나 두려워하는 문제들을 지각하고 접촉함으로써 통합에 이르게 하여 성숙하게 자신의 삶을 책임지고 건강한 게슈탈트를 완성하도록 돕는다.

게슈탈트 상담의 구체적 목표는 다음과 같다(김선현, 2015).

첫째, 나 경계 확장하기(체험 확장)

내담자가 방어를 해체하고 억압했던 자신의 부분과 접촉하게 함으로써 내담자의 체험 영역이 '나 경계'를 확장할 수 있도록 한다. 내담자는 체험 확장을 통해 자신의 욕구나 충동을 억압하지 않고 자연스럽게 지각하게 되며 유기적으로 환경과 자유롭게 교류할 수 있게 된다.

둘째, 통합하기

자신의 일부 인격만을 자신의 것으로 인정하게 되면 분할되고 소외된 인격들이 생겨날 수 있으므로 경험을 통하여 자신에 대한 새로운 개념을 형성하고 인격의 전체를 통합해야 한다. 그러므로 자신의 것으로 자각하지 못한 인격의 부분들을 다시 접촉하고 체험하게 함으로써 내담자가 지각하지 못했던 인격의 여러 부분을 자신의 것으로 자각하고 통합하도록 한다.

셋째, 책임 자각하기

책임은 개인이 관계 속에서 능동적이고 자율적으로 반응하고 그에 따른 결과를 자신의 것으로 받아들일 수 있는 능력이다. 다른 사람에게 의존하려는 자세를 버리고 자립함으로써 자신의 행동을 스스로 선택하고 책임질 수 있어야 하며 이러한 능력은 자신의 내적 잠재력을 발견하고 그 힘을 최대한 활용할 수 있을 때 가능하다.

넷째, 자립하기

내담자는 스스로 자신의 내적 힘을 동원하여 자립할 수 있는 존재이므로 자기 스스로 할 수 있다는 자립능력을 회복해야 한다. 내담자 자신의 에너지를 동원하여 주체적으로 행동하고 스스로를 지지하여 타인의 기대나 요구에 의해 사는 삶이 아닌 자신의 삶을 살 수 있도록 한다.

다섯째, 실존적 삶 찾기

실존적인 삶을 산다는 것은 자기 자신이 되어 자신의 자연스러운 욕구에 따라 사는 것을 의미 한다. 그러므로 내담자 스스로 자기 자신을 되찾아 현실과 자신에 대해 긍정적인 태도를 갖고 내가 책임지고 있는 현실이 전경이 되어 적극적이며 참여적인 삶을 살도록 해야 한다.

4) 게슈탈트적 미술치료

(1) 게슈탈트적 미술치료 접근

게슈탈트 미술치료에서의 미술작업은 내담자의 내적인 생명력을 드러내는 과정이다. 그러므로 게슈탈트 미술치료는 내담자가 다양한 미술 매체를 사용하여 과거의 어려웠던 미해결 과제를 현재로 가져와서 '지금-여기(here and now)'에서 자신의 감정을 표현하고 느끼며 자신에 대해 알아차릴 수 있도록 돕는다.

(2) 미술치료 기법

게슈탈트 미술치료에서 적용되는 다양한 기법은 내담자의 자기표현을 이끌어 내는 수단일 뿐이다. 미술작업은 내담자 자신의 내면세계를 표현하는 도구로서 억압된 욕구나 감정, 중요한 행동 동기 혹은 반복되는 행동패턴을 발견할 수 있도록 도움을 준다. 내담자가 작업하는 과정에서 '지금-여기'의 감정과 욕구에 집중하고 현재 지각되는 것을 표현할 수 있는 다양한 기법을 적용할 수 있는데 어린 시절 집 그리기, 나무 되어 보기, 폭풍 속 항해하기, 전경과 배경 찾기, 자화상 그리기, 눈 감고 점토 주무르기, 감정 그리기, 마음 지도 그리기 등이 있다.

5 개인심리학적 접근

1) 인간관

아들러(Alfred Adler: 1870−1937)는 정신분석학의 성욕중심설과 결정론적 관점에 반대 입장을 표명하며 개인심리학을 창시하였다. 아들러는 인간을 더 이상 나누거나 분류할 수 없는 완전한 전체로 보았으며 본능에 순응하는 것이 아닌 환경과의 상호 작용을 통해 끊임없이 변화하고 성장하는 사회적 존재로 보았다. 또한 인간의 타고난 유전적 요인과 환경적 요인이 사회적 관계 속에서 열등감을 유발하는데 이를 극복하기 위해 개인이 창조성을 발휘함으로써 성장과 자기완성으로 나아간다고 보았다.

2) 주요 개념

(1) 사회적 관심(Social interest)

사회적 관심이란 인간이 사회적인 존재로서 사회라는 집단에 소속되어 타인에게 관심을 갖고 공감하며 상호 존중하고 사회에 기여하는 이타심을 가지는 것을 말한다. 아들러는 사회적 관심을 개인의 정신 건강의 중요한 준거로 보고 집단 상담, 집단 치료에 이 개념을 적용하였다.

(2) 열등감과 보상(Inferiority)

열등감은 타인과 자신을 비교하여 어느 측면이 부족하다고 느끼는 것을 말한다. 인간은 사회적 존재이며 완전성을 추구하는 존재이므로 끊임없이 타인과 비교하여 열등감을 갖게 되고 이를 극복하려는 보상적 노력을 하게 된다. 특히 열등감은 인간이 좀 더 나은 완전성을 추구하기 위한 필수 요인이다. 그래서 열등감을 극복하면 심리적 건강을 유지하지만 지배당하였을 때는 신경증이 유발되므로 자신의 불완전함을 인정하고 우월성을 추구하며 자기완성을 추구해야 한다.

(3) 우월성의 추구(Striving for superiority)

우월성의 추구란 열등감을 극복하는 노력을 말하며 자기완성, 자아실현의 의미를 포함한다. 이는 단순히 열등감을 극복하는 것을 넘어서 스스로 부족한 것을 채우고, 미완성은 완성시키며 자신을 좀 더 향상시키려고 노력하는 경향성이다.

(4) 생활양식(Life style)

생활양식은 개인이 삶을 영위하기 위해 세운 자기개념과 가치, 개인적 목표와 태도 등으로 자신과 세상에 대한 관점을 말한다. 생활양식은 개인의 기본적인 성격 구조가 되어 생각하고 느끼고 행하는 모든 것에 영향을 미치며 일생 동안 일관성을 유지한다.

(5) 가족 구도(Family constellation)

아들러는 인간의 문제를 본질적으로 사회적 관계 문제로 보는 관점을 가지고 있기 때문에 가족 구도와 관계에 대해 강조하였다. 가족 구도는 가족 내 구성원의 관계 유형을 말한다. 가족 구도를 결정하는 요소에는 가족의 크기, 형태, 형제 출생 순위, 나이 차이, 정서적 거리, 힘의 순위 등이 있으며 이 요소들은 개인의 성격발달에 영향을 미친다.

3) 개인심리학적 상담

개인심리학적 상담의 목표는 열등감과 그릇된 생활양식을 인지하고 변화하도록 도움으로써 적응적인 생활양식을 습득하고 사회적 관심을 통해 사회참여가 가능하도록 하는 것이다. 상담자는 내담자의 감정을 존중하고 배려하며 격려하는 태도로 내담자의 생활양식이 변화되도록 돕는다.

4) 개인심리학적 미술치료

(1) 개인심리학적 미술치료 접근

개인심리학적 미술치료는 인간이 자기 삶의 창조자로서 주체성을 가지고 열등감을 극복할 수 있도록 자기인식의 경험과 성장의 기회를 제공한다. 미술작업은 내담자에게 다양한 경험을 제공함으로써 내담자가 용기를 갖고 정상적인 삶을 영위하기 위한 변화를 받아들일 수 있도록 돕는다.

(2) 미술치료 기법

개인심리학적 미술치료에서는 내담자의 자기인식을 돕고 변화와 성장에 대한 긍정적인 경험의 기회를 제공하기 위해 손석고 본뜨기, 신체 그리기, 동화 듣고 떠오른 이미지 표현하기, 가족 동물 상징화, 현실의 왜곡이나 불안에서 벗어나는 상황 그리기, 찬란한 나의 미래 상상하기 등의 기법을 적용할 수 있다.

6 인지행동치료 접근

1) 인간관

벡(Aaron T. Beck: 1921~)에 의해 체계화된 인지행동치료(이하 CBT로 표기)는 정신분석적 개념에서부터 출발하였으나 좀 더 포괄적이고 일관적인 치료방법의 필요성에 따라 개발되었다. CBT의 이론과 기법들은 다양한 인지치료와 행동주의 전략의 영향을 받으며 개발되었는데 그중 엘리스(Ellis)의 합리적 정서치료와 통합되면서 CBT의 역할이 더욱 증대되었다.

벡은 인간이 느끼고 행동하는 방식은 자신의 경험을 어떻게 지각하고 구조화시키는가에 따라 결정된다고 하였다. CBT에서 말하는 심리적 고통은 주관적 해석에 의해 현실의 문제를 역기능적으로 사고하고 행동하기 때문에 발생되므로 왜곡된 부적응적 인지의 교정을 통해 심리적 증상을 호전시킬 수 있다고 주장한다.

그러므로 CBT는 인간 본성에 대해 비결정론적 시각으로 유연성을 강조하며 인간은 스스로 변화하고 성장하려는 가능성이 있는 존재라고 보았다. 이러한 인간관에 기초한 CBT는 개인이 가지고 있는 부적응적 사고와 신념을 인식하고 변화시키는 통찰심리치료라고 할 수 있으며(Corey, 2008), 일반적으로 단기로 진행되는 문제 중심치료이다.

2) 주요 개념

(1) 자동적 사고

자동적 사고는 주의를 기울이면 알아차릴 수 있는 전의식적 사고이며 감정과 가장 밀접하게 연결되어 있다. 개인이 어떠한 스트레스 사건을 경험했을 때, 그것을 어떤 의미로 받아들이고 해석하는가에 따라 심리적 반응이 달라지며 이후의 강렬한 감정 및 행동에 영향을 미치게 된다. 부정적으로 치우친 인지는 왜곡된 자동적 사고에 의한 것이다.

(2) 인지적 오류

정서 장애를 가진 사람들은 현실을 자기부정적으로 왜곡하는 정보처리의 오류를 범하는 경향이 있다. 인지적 오류는 잘못된 사고, 잘못된 정보에 근거한 잘못된 추론, 환상과 현실을 구별하지 못하는 것 등의 부적절한 가정에 의해 발생한다. 자동적 사고 및 인지 과정에서 발생하는 인지적 오류는 다음과 같은 것들이 있다(Wright et al., 2006).

① 선택적 사고: 증거 무시하기 또는 정신적 여과

다른 정보들은 무시한 채 일부 정보들만을 본 후 세부적인 근거에 의해 결론을 내리는 것이다.

② 임의적 추론

정반대의 증거가 있거나 적절한 증거가 없음에도 불구하고 어떤 결론에 도달하는 것이다. 대부분의 상황에 대해서 파국적이거나 극단적인 시나리오를 생각하는 것을 말한다.

③ 과잉일반화

하나의 사건 혹은 몇 개의 고립된 사건들을 가지고 규칙을 찾고 결론을 내린 후 이러한 결론을 비논리적이며 부적절하게 확장시켜 적용하는 것이다.

④ 과장과 축소

어떤 경우나 상황, 속성, 사건 또는 느낌 등의 의미를 실제보다 더 과장하거나 축소하여 지각하는 것이며, 비이성적으로 부정적인 측면을 강조하고 긍정적인 면을 최소화하는 경향을 말한다.

⑤ 개인화

스스로 부정적인 사건에 대해 과도한 책임이나 비난을 감수하면서 인과적으로 관련지을 만한 근거가 전혀 없는 외적 사건을 자기 자신에게 연관시키는 것이다.

⑥ 절대적(흑백논리적) 사고

자기 자신의 개인적 경험이나 다른 사람들에 대한 판단을 흑백논리로 사고하고 해석하거나 어느 한쪽에 치우쳐 극단적으로 범주화하는 것이다.

(3) 스키마(Schema)

스키마는 자동적 사고의 기초가 되는 정보 처리의 기본적인 틀 혹은 규칙들이다(Clark, Beck, & Alford, 1999; Wright, Beck, & Thase, 2003). 스키마는 아동 초기에 형성되기 시작하여 다양한 삶의 경험들로 이루어지며 개인의 인간관계에 대한 기본적인 신념과 잠재되어 있는 세계관을 포함하고 있다.

클락(Clark)과 동료들(1999)이 제안한 세 가지 범주의 스키마는 다음과 같다.

① 단순스키마

환경의 물리적 성질, 일상적 활동에 대한 규칙이나 자연의 법칙들로 정신 병리에 영향을 미치지 않는다.

② 중간신념과 가정

자아존중감과 감정조절에 영향을 미치는 것으로 "만약 ~하면, ~할 것이다."와 같은 조건적인 규칙들이다.

③ 자신에 대한 핵심 신념

자아존중감과 관련이 있으며 자신의 상황과 정보를 해석하는 데 있어서 포괄적이고 절대적인 규칙을 적용하는 신념을 말한다.

3) 인지행동적 상담

CBT의 상담 목표는 비현실적이고 부적응적인 사고가 감정과 행동에 영향을 미친다는 인지모델을 바탕으로 왜곡된 인지와 역기능적인 사고를 수정하는 것이다.

CBT는 인지적 재구조화와 행동적 기법을 함께 사용하며 내담자가 자신의 부정적인 자동적 사고를 인식하고 관찰하고 조정하는 것을 배울 수 있도록 돕는다.

상담사는 내담자의 부적응적 사고를 인식하고 변화시키도록 돕는 과정에서 소크라테스식 대화를 사용하며, 치료 회기의 효율성을 높이고 내담자의 학습을 강화하기 위해 구조화 기법을 사용한다. 구조화된 기법으로 문제 정하기와 피드백, 신념을 경험적으로 검증하기, 숙제하기, 가설에 관한 자료 수집, 활동기록, 대안적 해석 등이 포함된다. 이러한 과정을 통해 내담자는 자신의 행동에 개한 가설을 세우고, 구체적인 문제 해결이나 대처기술에 대해 배우며 자신의 사고와 감정, 행동하는 방식을 연결하고 통찰을 획득한다.

CBT에서의 치료적 관계는 치료사와 내담자가 한 팀으로 존재하는 팀 지향적 특징으로 협력적 경험주의의 성격을 띤다. 이러한 치료적 관계 안에서 상담자는 내담자가 스스로 문제를 해결할 수 있도록 도움을 주는 것뿐만 아니라 내담자의 증상을 제거하고 그 증상을 재발시킬 수 있는 요인들을 다룰 수 있도록 예행 연습 기법을 사용하여 대처방법을 지도한다.

4) 인지행동적 미술치료

(1) 인지행동적 미술치료 접근

인지행동적 미술치료는 왜곡된 부적응적인 자동적 사고를 인식하여 내담자 스스로 통찰할 수 있도록 돕는 전략적이고 구조화된 인지행동치료를 기반으로 심리·정서적 표현을 경험하는 미술치료를 접목한 것이다.

특히 아동의 경우 미술활동은 표현능력의 발달을 촉진할 뿐만 아니라 인지적 기능을 강화시키는 좋은 도구가 된다. 그러므로 CBT의 구조화된 치료 과정 안에서 미술을 적절하게 사용하여 이미지를 구체화함으로써 문제 해결능력을 증진시킬 수 있다.

치료사는 내담자의 미술작업 과정에 협력적인 태도로 접근하여 내담자가 자신의 문제에 대해 생각하고 표현할 수 있도록 지지하고 격려한다. 이러한 협력적인 치료관계 안에서 이루어지는 다양한 매체를 사용한 미술작업은 내담자로 하여금 자신의 문제를 여러 가지 각도에서 볼 수 있는 기회를 제공한다.

(2) 미술치료 기법

인지행동적 미술치료 기법에는 감정 온도계 그리기, 감정 파이 만들기, 생각 바꾸기 카드(통찰카드) 만들기, 나의 얼굴표정 찾기, 비오는 날 그리기, 부적응적인 생각을 버리는 쓰레기통 만들기, 내 마음속 걸림돌 표현하기, 나의 소중한 생각 주머니 만들기 등이 있고 이를 인지적 재구조화 과정에 응용할 수 있다.

7 애착이론적 접근

1) 인간관

볼비(John Bowlby: 1907–1990)는 애착을 생애초기에 주 양육자 사이에서 형성되는 정서적 유대관계로서, 사회적 발달의 한 유형으로 특정 애착대상과 근접하려는 성향이라고 하였다(Bowlby, 1988). 영아는 애착대상과의 접근을 추구하고 유지하기 위해 울음, 미소, 웃음 등 다양한 행동체계를 나타내고 이러한 애착행동은 애착을 느끼는 대상에게 의사전달의 기능을 가진다(Bretherton & Beeghly, 1982). 이러한 의사전달에 양육자가 민감하게 반응하고 정서적으로 도움을 주며, 자녀에게 안정적인 환경을 제공해 주는 정도에 의해 애착관계를 형성하고 발달시킨다.

2) 주요 개념

(1) 내적 작동 모델(Internal working model)

내적 작동 모델은 애착이론에서 가장 핵심이 되는 개념으로 초기 주 양육자와의 반복되는 상호 작용을 통해 만들어지는 내적 표상이며 이후 관계의 질을 결정짓는 자신만의 인지 표상이다. 내적 표상은 한번 만들어지기 시작하면 쉽게 변하지 않지만 새로운 관계 경험이나 부모의 변화된 양육태도로 인해 바뀌기도 하고, 새롭게 만들어지기도 한다(김예슬, 2016).

(2) 안전 기지(Secure base)

볼비는 애착대상인 양육자에 의해 제공되는 안전감을 설명하기 위해 '안전 기지

(Secure base)'라는 용어를 사용하였다. 양육자는 아이에게 긍정적이고 친밀한 관계 속에서 낯선 환경에 대한 두려움을 극복하고 주위를 탐색할 수 있는 심리적인 안전 기지를 제공하게 된다(Bretherton & Beeghly, 1982). 아이는 외부세계로 나아가는 데 있어 안전 기지를 발판삼아 근접과 탐색의 욕구 사이를 오가며 적절한 균형을 유지해간다. 안전 기지는 아이가 탐색을 마치고 돌아왔을 때 신체적, 정서적 재충전을 해 주는 환경을 제공하며, 아이는 기지가 안전하다고 확신하면 할수록 더 멀리 더 오랜 시간 외부세계를 향해 탐색하고 나아갈 수 있다. 이 과정을 통해 주 양육자와 애착이 잘 형성된 아이는 새로운 목표를 생성하고, 목표를 달성하는 과정에서 자신의 애착 행동을 활성화시키거나 종료시킬 수 있는 힘을 가지게 된다. 더불어 긍정적인 자기와 타인의 표상을 형성한다.

(3) 애착유형

애착이론에서는 '낯선 상황실험(Strange situation procedure)'을 통해 애착대상에게 나타나는 유아들의 반응을 근거로 애착유형을 분류하였다.

애착유형에는 안정애착(Secure attachment), 불안정–회피애착(Insecure secure attachment), 불안정–저항애착(Insecure resistant attachment)의 세 유형으로 나누어 볼 수 있다. 이 중 안정애착 외의 회피애착과 저항애착은 불안정 애착으로 분류된다.

(4) 애착행동

볼비는 아이가 자신보다 더 강하고 안전감을 줄 것 같은 사람에게 접근하고 그 사람에게 머물려고 하는 행동을 애착행동이라고 하였다. 애착행동은 초기 아동기에 가장 분명하게 드러나고 일생 동안 유지된다. 아이가 삶 속에서 위기나 어려움을 경험하여 겁에 질리거나 불안을 느낄 때, 또는 아프거나 힘들 때 그리고 지지를 얻을 때 애착행동이 가장 잘 나타난다. 애착행동에는 미소 짓기, 눈 맞추기, 소리 내어 부르기, 잡거나 매달리기, 울기, 분리에 저항하기, 안아달라고 요구하기, 쫓아가기, 찾기 등이 있다(Colby Pearce, 2011).

3) 애착이론에 근거한 상담

애착이론에 근거한 상담은 아이의 내면에서 작동하는 부정적 내적 표상을 긍정적 표상으로 수정하는 것을 목적으로 한다. 아이의 내적 표상은 부모의 내적 표상으로부터 영향을 받으므로 치료적 개입을 통해 부모의 부정적인 내적 표상의 탐색과 인식 그리고 성찰의 과정을 거치는 것이 필요하다. 이러한 과정을 통해 부모는 민감한 반응성을 획득하고 기능적인 상호 작용을 하는 부모로서의 역할을 재정립하게 된다.

4) 애착이론에 근거한 미술치료

애착이론에 근거한 미술치료 기법은 애착안정성을 탐색하고 묘사된 내용들에서 개인과 가족에 대한 다양한 정보를 얻을 수 있다.

가족 간 역동성과 개인 내적 표상을 확인할 수 있는 새둥지화(Birds Nest Drawing: BND), 나의 안전 기지 만들기, 가족의 손석고 본뜨기, 나의 과거 회상하기, 나의 애착행동 알아보기 등의 기법을 적용할 수 있다.

4th 두드림

치료 단계별 매체 적용

1. 이완 단계
2. 탐색 단계
3. 표출·발산 단계
4. 통합 단계

이완 단계

- 01 마음 따라가기 1
- 02 마음 따라가기 2
- 03 밀가루 세상
- 04 눈 만들기
- 05 내 마음 날아올라
- 06 마음의 색깔
- 07 마법의 음료수
- 08 바닷속 놀이터
- 09 마음 풀기
- 10 내 마음 어루만지기
- 11 낙서로 보는 내 마음
- 12 낙서로 보는 우리 마음

01

마음 따라가기 1 <핑거페인팅>

주제	**'마음 따라가기 1'**은 물감을 이용하여 자유로운 표현을 하는 활동으로 촉감을 자극하여 심리적·신체적 이완과 안정감을 느낄 수 있도록 한다. 또한 창작의 욕구를 충족시키고 자신의 작품을 통해 무의식을 들여다 볼 수 있는 기회를 가진다.
목표	심리적·신체적 이완을 촉진시킨다. • 중기적용 시: 자기이해와 긍정적인 자아상과의 만남
대상	아동, 집단
매체	물감, 도화지 또는 치료쟁반
진행 과정	❶ 지난 회기에 대한 회고와 한 주 동안의 감정을 나눈 후 오늘의 작업에 대해 소개하고 활동의 목적을 이야기한다. ❷ 여러 색의 물감을 사용하여 자유롭게 손가락으로 그림을 그려 본다. ❸ 손가락 외에 다른 신체 부위를 사용하여 표현하는 시간을 가진다(발이나 손바닥, 팔꿈치 등). ❹ 다양한 리듬의 음악과 함께 자유로운 신체활동을 한다. ❺ 완성된 작품을 감상한 뒤 자기 마음에 드는 작품과 그렇지 않은 작품에 대하여 나눔의 시간을 가진다.

CHECK 소통하기

■ 활동 전

• (음악을 들려주며) 현재 내가 느끼는 감정을 자유롭게 표현해 봅시다. 손가락을 사용해도 되고, 그 외에 다른 신체 부위를 사용하는 것도 괜찮습니다. 자유롭게 표현해 볼까요?

■ 활동 후

• 손가락을 사용했을 때 촉감이 어땠나요?
• 그림을 본 후 어떤 이미지가 떠오르나요?

CHECK 관찰하기

- 촉각적인 신체활동에서 거부감을 나타내는가? 또는 과잉반응을 보이는가?
- 연상된 이미지는 어떠한 의미를 내포하고 있는가?

★ 응용하기 ★

- 완성된 결과물을 가지고 스토리텔링을 하여 자신의 내면을 깊게 탐색할 수 있다.
- 풀과 다른 찰흙이나 지점토, 색모래 등 다양한 매체를 함께 사용하여 촉각놀이를 확장할 수 있다.

02

마음 따라가기 2 <밀가루풀 그림>

주제	'마음 따라가기 2'는 점성을 가지고 있는 매체를 탐색해 볼 수 있는 기회를 제공하며 심신의 이완을 돕는다. 정서적으로 경직된 참여자들에게 유연한 재료의 사용으로 마음껏 내면을 표현할 수 있도록 하고, 부정적 정서를 표출할 수 있도록 하여 감정의 정화를 가져 오도록 한다.
목표	**정서적 이완을 촉진시킨다.** • 부정적 정서의 표출 및 정화를 경험한다.
대상	**아동, 청소년, 성인, 집단**
매체	밀가루풀(도배풀), 물감, 도화지, 치료쟁반 또는 아스테이지, 기타 재료(색모래, 반짝이가루, 꾸미기 재료 등)
진행 과정	❶ 지난 회기에 대한 회고와 한 주 동안의 감정을 나눈 후 오늘의 작업에 대해 소개하고 활동의 목적을 이야기한다. ❷ 묽은 밀가루풀 통에서 풀을 조금 덜어내고 자신이 좋아하는 색의 물감을 짜 넣은 후 나무젓가락으로 저어서 자신만의 색 밀가루풀을 만든다. ❸ 도화지에 마음껏 풀을 짜서 점을 찍거나 선을 그으며 자유롭게 표현한다. ❹ 밀가루풀 그림 위에 반짝이가루, 색모래, 꾸미기 재료 등을 사용하여 작품을 완성해 본다. ❺ 활동이 마무리되면 작품의 제목을 정하고 그림의 내용은 무엇인지, 추상적 표현이라면 연상되는 것이 있는지 이야기하며 나눔의 시간을 가진다.

CHECK 소통하기

- 어떤 색의 물감을 선택했나요? 그 색을 선택한 이유가 있나요?
- 밀가루풀에 물감을 섞을 때의 느낌과 풀을 짜며 활동할 때의 느낌은 어떠했나요?
- 밀가루풀이 종이에 스며드는 느낌은 어떠했나요?
- 완성된 작품을 보며 어떤 감정이 들었나요?
- 작품을 보며 연상되는 것이 있나요?
- 혹시 작품을 변경하고 싶다면 어떤 부분일까요?
- 참여자들의 작품을 보고 어떤 느낌이 드나요?

CHECK 관찰하기

- 작업의 과정 중 참여자가 불편해 하는 부분이 있는가?
- 풀을 짜내는 모습이 통제적인가? 충동적인가?
- 풀을 많이 사용하는가? 꾸미기 재료를 많이 사용하는가?
- 참여자가 자신의 감정표출에 적극적인가? 방어적인가?

★ 응용하기 ★

- 작업이 끝난 후 참여자들의 작품을 모두 모아 이야기를 만들어 보는 과정을 통해 집단의 이슈를 확인할 수 있다.
- 밀가루풀 외에 종이죽, 물풀 등 점성이 있는 재료를 대체하여 활용할 수 있다.

03

밀가루 세상 <반죽 놀이>

주제	**'밀가루 세상'**은 가정에서 쉽게 접할 수 있는 부드러운 질감의 밀가루를 이용함으로써 정서를 이완하고 부정적인 감정을 표출할 수 있도록 돕는다. 특히 소극적이거나 과잉행동 아동에게는 안정된 공간 안에서의 자율성과 통제를 경험하고 퇴행활동을 통해 억압된 에너지를 표출하는 정화 경험을 하게 되어 치료의 효과성은 배가 된다.
목표	감각이완 및 정서적 안정감을 가진다. • 중기적용 시: 자기조절과 자율성
대상	아동, 집단
매체	플라스틱 볼, 밀가루, 물, 물감, 치료쟁반 또는 아스테이지
진행 과정	❶ 지난 회기에 대한 회고와 한 주 동안의 감정을 나눈 후 오늘의 작업에 대해 소개하고 활동의 목적을 이야기한다. ❷ 플라스틱 볼 안에 참여자가 밀가루를 사용하고 싶은 양만큼 부어 본다. ❸ 밀가루의 질감을 느낄 수 있도록 눈을 감고 만져 보며 연상되는 것들을 표현할 수 있도록 안내한다. ❹ 자신이 원하는 색을 골라 컵에 물과 물감을 섞은 후 조금씩 부어 가며 반죽을 하도록 한다. ❺ 자신이 만든 결과물에 대하여 이야기를 나누는 시간을 가진다.

CHECK 소통하기

■ 활동 전

- 밀가루를 만져 보세요. 그리고 냄새를 맡아 보세요. 어떤 느낌이 드나요?
- 눈을 감고 만져 보세요. 무엇이 떠오르나요?

■ 활동 후

- 색을 섞었을 때 어떤 기분이 들었나요?
- 활동하면서 어떤 것들이 생각났나요?
- 완성된 작품을 보고 어떤 느낌이 드나요?

CHECK 관찰하기

- 밀가루에 대한 정서적·신체적 반응은 어떠한가? 긴장을 했는가? 혹은 적극적인가?
- 밀가루에 섞는 색은 어떠한가?
- 매체 사용에 대한 조절력이 있는가?

★ 응용하기 ★

- 집단적용 시: 함께 반죽을 하며 음식이라는 주제를 가지고 상차림을 통해 파티 분위기를 연출할 수 있으며 함께 먹는 장면을 연출하며 놀이로 확장하여 활동할 수 있다.
- 밀가루 외 전분가루를 활용하여 이완 작업을 확장시킬 수 있다.

04

눈 만들기 <쉐이빙폼 활동>

주제	**'눈 만들기'**는 부드러운 특성을 가지고 있는 쉐이빙폼을 이용하여 정서적으로 경직되었거나 방어가 높은 아동에게 감각이완 작업으로 적합한 활동이다. 특히 유연성을 주는 매체의 사용은 특정한 형태를 만들지 않아도 마음껏 내면을 표현할 수 있도록 촉진시키고, 부정적 정서를 표출할 수 있도록 하여 감정의 정화를 가져 오도록 한다.
목표	정서적 안정감을 가진다. • 감각이완 및 내면탐색
대상	아동, 집단
매체	그림물감, 쉐이빙폼, 플라스틱 접시 여러 개, 치료쟁반
진행 과정	❶ 지난 회기에 대한 회고와 한 주 동안의 감정을 나눈 후 오늘의 작업에 대해 소개하고 활동의 목적을 이야기한다. ❷ 쉐이빙폼을 자유롭게 탐색해 본다. ❸ 테이블 위에 비닐을 깐 후 원하는 색깔의 물감을 선택하여, 쉐이빙폼에 짜서 섞어 보고, 자유롭게 표현하도록 한다. ❹ 활동 후 자신이 만든 결과물을 보고 떠오르는 이미지와 느낌에 대해 나눔의 시간을 가진다.

CHECK 소통하기

■ 활동 전

- 쉐이빙폼을 짜보세요. 냄새는 어떤가요? 모양은 어떤가요? 손가락으로 만져 보세요. 느낌은 어떠한가요?
- 쉐이빙폼을 접시 위에 덜어낸 후 원하는 색의 물감을 짜서 섞어 주세요. 다양한 색을 자유롭게 사용하며 표현할 수 있습니다.

■ 활동 후

- 쉐이빙폼을 만졌을 때와 색을 섞었을 때의 기분은 어떠했나요?
- 활동하면서 어떤 것들이 떠올랐나요?
- 완성된 작품을 보고 어떤 느낌이 드나요?

CHECK 관찰하기

- 쉐이빙폼에 대한 정서적·신체적 반응은 어떠한가? 거부하는가? 과하게 몰입하는 모습을 보이는가?
- 쉐이빙폼에 섞는 색은 어떠한가?
- 매체 사용에 대한 조절력이 있는가?

★ 응용하기 ★

- 쉐이빙폼 외에 밀가루풀(도배풀)을 활용할 수 있고, 점토나 색모래와 같은 다른 촉감의 매체를 함께 사용할 수 있다.
- 바닥에 아스테이지를 깔아 집단놀이로 확장할 수 있다.

05

내 마음 날아올라 <비눗방울>

주제	**'내 마음 날아올라'**는 비눗방울을 이용하여 다양한 경험을 함으로써 이완 및 발산을 돕는다. 비눗방울이라는 매체는 참여자에게 판타지를 제공하고 자유와 행복감을 줄 수 있으며 짧고 긴 호흡을 통해 참여자의 조절능력을 기를 수 있는 기회를 가진다.
목표	심리적·신체적 이완을 촉진시킨다. • 초기적용 시: 신체이완 및 감정이완 • 중기적용 시: 자유로운 자기표출 및 조절 경험
대상	아동
매체	투명컵, 비눗방울 액체, 비눗방울 도구, 치료쟁반 또는 볼
진행 과정	❶ 지난 회기에 대한 회고와 한 주 동안의 감정을 나눈 후 오늘의 작업에 대해 소개하고 활동의 목적을 이야기한다. ❷ 비눗방울에 대해 이야기를 나눈 후 참여자는 비눗방울을 불기 위한 호흡법을 연습한다. ❸ 비눗방울을 자유롭게 불어 보기도 하고 터트려 보며 탐색을 한다. ❹ 치료쟁반 위에 투명컵을 올려놓고 그 속에 비눗방울 액체를 넣은 후 빨대로 불어 보며 다양한 방법으로 활동한다(거품 내기). ❺ 원하는 물감을 선택하여 비눗방울 액체에 섞은 후 확장활동을 이어 나간다. ❻ 활동이 마무리되면 과정 중에 느낀 감정이나 생각에 대한 나눔의 시간을 가진다.

CHECK 소통하기

■ 활동 전

- (빨대를 입에 물고) 후~ 소리를 내며 숨을 뱉어 볼까요?
- 지금부터 비눗방울을 불어 볼 거예요. 머리 위로 높이 불어도 되고 아래로 불어도 되요. 자유롭게 불어 보세요.
- 비눗방울을 손으로 터트려 보세요.

■ 활동 후

- 비눗방울을 불 때와 터트릴 때 기분은 어떠한가요?
- 불어서 나온 비눗방울 형태를 보고 떠오르는 것이 있나요?

CHECK 관찰하기

- 참여자가 비눗방울을 대하는 태도는 어떠한가?
- 비눗방울을 불거나 터트릴 때 과한 행동이 연출되지는 않았는가?
- 호흡 조절이 가능하였는가?

★ 응용하기 ★

- 비눗방울 액체에 물감을 섞은 뒤 빨대로 불어서 도화지 위에 표현하고 완성된 작품으로 스토리텔링을 할 수 있다.

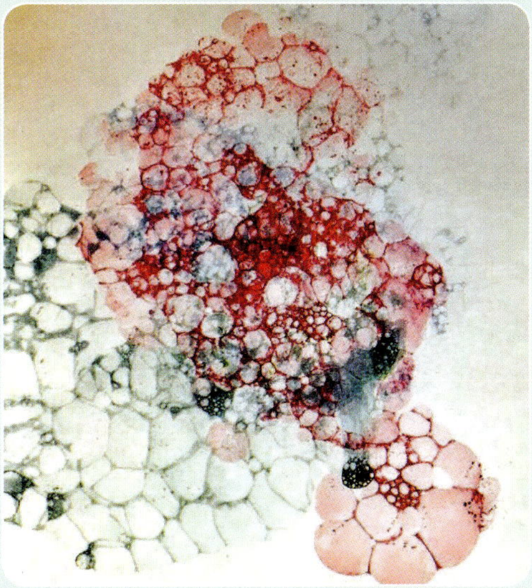

06

마음의 색깔 <색소금 활동>

주제	**'마음의 색깔'**은 일상에서 쉽게 접할 수 있는 소금을 이용한 작업으로써 내적 사고와 정서를 탐색하는 활동이다. 특히 소금 매체의 특성상 촉각적인 감각을 주로 사용하여 표현하는 활동으로써 심신이완을 돕는 데 효과적이다.
목표	**내면탐색과 심신을 이완한다.** • 초기적용 시: 신체이완 및 감정탐색 • 중기적용 시: 정서표출 • 후기적용 시: 통합과 자기실현
대상	**아동, 청소년, 성인, 집단**
매체	여러 종류의 소금, 흰색 종이, 파스텔, 마개가 있는 유리병, 꾸미기 재료
진행 과정	❶ 지난 회기에 대한 회고와 한 주 동안의 감정을 나눈 후 오늘의 작업에 대해 소개하고 활동의 목적을 이야기한다. ❷ 소금을 탐색한 후 자신의 마음에 집중하는 시간을 가진다. ❸ 흰색 종이 위에 원하는 색의 파스텔을 문질러 가루를 낸 후 소금과 섞는다. ❹ 색이 입혀진 소금을 유리병 안에 자유롭게 담는다. ❺ 유리병의 겉면을 꾸미기 재료로 꾸민다. ❻ 완성된 작품을 전시하고 활동 과정을 통해 느낀 감정에 대하여 나눔의 시간을 가진다.

CHECK 소통하기

■ 활동 전

- 자신의 감정과 연관된 색을 찾아 소금에 물들여 볼까요?
- 마음에 드는 유리병 안을 자유롭게 색소금을 채워 보세요.

■ 활동 후

- 활동과정 중 감정의 변화가 있었나요?
- 완성된 작품을 보고 어떤 느낌이 드나요?

CHECK 관찰하기

- 촉감자극에 어떠한 반응을 보이는가?
- 어떤 색을 중점적으로 사용하는가?
- 완성된 자신의 작품에 대한 만족도는 어떠한가?

★ 응용하기 ★

- 촉감자극에 민감한 참여자를 위해 소금 대신 설탕을 이용할 수 있다.
- 쪽지에 소원이나 목표를 적어 색소금 사이에 넣음으로써 타임캡슐로 활용할 수 있다.

07

마법의 음료수 <물감 놀이>

주제	**'마법의 음료수'**는 물에 자신이 원하는 색의 물감을 섞고 저으며 정서적 이완을 경험하고 감정을 정화할 수 있다. 또한, 활동을 통해 자신의 감정을 긍정적으로 변화시키는 치유의 힘을 발휘할 수 있도록 돕는다.
목표	감정을 이완시키고 정화한다. • 감정의 발산 및 정화
대상	아동, 집단
매체	물감, 물약병, 투명컵
진행 과정	❶ 지난 회기에 대한 회고와 한 주 동안의 감정을 나눈 후 오늘의 작업에 대해 소개하고 활동의 목적을 이야기한다. ❷ 현재 자신의 감정과 연관되는 색을 찾아본다. ❸ 물통에 원하는 색의 물감을 섞고 농도를 묽게 한 후 물약병에 옮겨 담는다. ❹ 옮겨 담은 물약병마다 이름을 붙여 본다(예 자신감, 용기, 사랑, 믿음 등). ❺ 물이 담긴 투명컵에 자신에게 필요한 색의 약을 떨어 뜨린다. ❻ 여러 가지 색을 섞어 자신만이 만들 수 있는 음료수를 만들어 보고, 그 음료수를 마시면 어떤 능력을 얻을 수 있는지 상상해 본다. ❼ CF의 주인공이 되어 자신이 만든 음료수를 홍보하는 시간을 가진다. ❽ 활동 후 느낌에 대한 나눔의 시간을 가진다.

CHECK 소통하기

■ 활동 전

- 지금 나의 마음과 가장 닮은 색은 무엇일까요?
- 나를 빛나게 하려면 어떤 것이 필요할까요?
- 이 세상에 나를 위한 마법의 음료수가 있다면 어떤 음료수가 필요할까요?
- 나를 위해 능력을 부여하는 나만의 음료수를 만들어 보세요.

■ 활동 후

- 나만의 음료수는 어떤 이름을 가졌나요?
- 이 음료수를 마시면 나는 어떤 능력을 가질 수 있을까요?

- 음료수를 마시고 변화되고 싶은 나의 모습은 어떤가요?
- 자신이 만든 음료수를 CF의 주인공이 되어 홍보해 보세요.

CHECK 관찰하기

- 물감의 양이나 물의 양, 짜내는 힘의 조절이 적절한가?
- 참여자가 섞은 물감의 색은 어떠한가? 지나치게 색이 혼탁하지 않은가?
- 물감을 짜내는 과정에서 감정의 이완, 발산, 정화의 과정을 어떻게 진행하고 있으며 음료수에 어떤 의미를 부여하는가?
- 자신의 음료수를 홍보할 때 어떠한 태도를 보이는가?

★ 응용하기 ★

- 집단적용 시: 서로에게 주고 싶은 색의 마법의 음료수를 만들어 선물하는 놀이로 확장할 수 있다.
- 물감 섞기뿐만 아니라 파스텔 가루를 만들어 섞거나 다양한 만들기 재료를 물에 넣어서 자신만의 특별한 음료수를 만들 수 있다.

08

바닷속 놀이터 <밀가루풀과 자연물 활동>

주제	**'바닷속 놀이터'**는 자연물과 밀가루풀을 이용하여 자유롭게 표현하는 활동으로 촉감을 자극하여 심리적·신체적 이완과 안정감을 느낄 수 있도록 한다. 특히 유아·아동에게는 주변에서 쉽게 접할 수 있는 친숙한 자연물을 사용하여 흥미욕구를 자극하고, 창작의 활동을 촉진시킬 수 있다는 장점이 있다. 또한, 소근육과 대근육, 오감을 자극시킴으로써 내면의 감각을 깨워 활성화시킬 수 있다.
목표	심리적·신체적 이완을 촉진시킨다. • 흥미유발과 창조활동 촉진 • 감각의 활성화
대상	유아·아동, 모자(母子) 혹은 부모 자녀, 집단
매체	자연물(불려 놓은 미역, 멸치, 작은 돌, 모래), 투명 아스테이지, 밀가루풀, 물감 등
진행 과정	❶ 지난 회기에 대한 회고와 한 주 동안의 감정을 나눈 후 오늘의 작업에 대해 소개하고 활동의 목적을 이야기한다. ❷ 커다란 투명 아스테이지를 책상에 깔고, 그 위에 밀가루풀을 올린다. ❸ 손가락 또는 다른 신체부위를 사용하여 다양한 감각을 느껴 보도록 한다. ❹ 다양한 리듬의 음악과 함께 자유로운 신체활동을 한다(자연의 소리가 담긴 음악이 효과적이다). ❺ 밀가루풀에 자신이 원하는 색의 물감을 섞은 후, 자유로운 신체표현을 하도록 한다. ❻ 충분히 신체표현을 한 후, 미리 준비한 불려 놓은 미역, 마른 멸치, 모래, 작은 돌 등 여러 자연물을 넣고 자신만의 작품활동을 할 수 있도록 한다. ❼ 작품이 완성되면 제목을 지어준 후 참여자 간 나눔의 시간을 가진다.

CHECK 소통하기

■ 활동 전

- 손으로 스케이트를 탄다고 생각하고 책상 위에서 마음껏 움직여 보세요.
- 큰 원도 만들어 보고 작은 원도 만들어 보세요.
- (준비된) 자연물을 보며 생각나는 것이 있나요?
- 나만의 바닷속 놀이터를 만들어 보세요.

■ 활동 후

- 밀가루풀을 사용했을 때 촉감이 어땠나요?
- 바닷속은 어떤 분위기인가요?
- 작품을 본 후 어떤 이미지가 떠오르나요?(연상작업)

CHECK 관찰하기

- 촉각적인 신체활동에서 거부감을 나타내는가? 또는 과잉반응을 보이는가?
- 꾸며진 바닷속 분위기는 어떠한가?
- 재료의 사용량은 어떠한가?(재료의 조절능력)
- 연상의 이미지는 어떠한 의미를 내포하고 있는가?

★ 응용하기 ★

- 완성된 결과물을 가지고 스토리텔링을 하여 자신의 내면을 깊게 탐색할 수 있다.
- 모자 치료로 사용할 때는 부모와 아동의 상호 작용 패턴을 관찰할 수 있다.
- 바닥에 아스테이지를 깔고 발가락 등 다양한 신체부위를 이용한 촉감놀이로 확장할 수 있다.

09

마음 풀기 <종이죽 놀이>

주제	'마음 풀기'는 종이를 물에 풀어 종이죽을 만들어가는 과정을 통해 촉감을 자극하여 심리적·신체적 이완을 촉진시키고, 자유로운 표현활동에서 감정을 인식하고 표출 및 해소할 수 있는 기회를 제공한다. 더불어 유(有)에서 무(無)의 형태로 변화하고, 다시 유(有)의 형태가 되는 순환적 과정의 경험을 통해 변화와 성장에 대한 인식을 하도록 돕는다.
목표	심리적·신체적 이완을 촉진시킨다. • 정서적 이완 • 감정의 인식 및 표출
대상	아동, 청소년, 집단
매체	색한지, 신문지, 물, 치료쟁반 혹은 플라스틱 볼, 물감, 밀가루풀, 나무막대
진행 과정	❶ 지난 회기에 대한 회고와 한 주 동안의 감정을 나눈 후 오늘의 작업에 대해 소개하고 활동의 목적을 이야기한다. ❷ 한지나 신문지를 다양한 방법으로 잘게 찢어 본다. ❸ 물이 담긴 플라스틱 볼에 잘게 자른 종이들을 넣고 손이나 나무막대를 이용하여 저어 본다. ❹ 물에 불려진 종이의 물기를 조금 뺀 뒤 밀가루풀을 섞는다. ❺ 완성된 종이죽을 치료쟁반 혹은 아스테이지에 올려놓고 원하는 물감을 섞어 보며 자유롭게 탐색한다. ❻ 활동 후 느낌에 대한 나눔의 시간을 가진다.

CHECK 소통하기

■ 활동 전

- 종이를 마음껏 구기고 찢어 보세요. 어떤 기분이 드나요?
- 종이죽을 자유롭게 주물러 보세요. 원하는 색이 있다면 섞어 보아도 좋아요.

■ 활동 후

- 종이가 물에서 풀어질 때 어떤 기분이 들었나요?
- 종이죽을 손으로 만질 때 촉감이 어땠나요?
- 종이죽을 만지면서 떠오르는 이미지가 있었나요?

CHECK 관찰하기

- 촉각적인 신체활동에서 거부감을 나타내는가? 또는 과잉반응을 보이는가?
- 매체에 대한 조절력이 있는가?
- 활동 중 감정의 변화가 있었는가? 있었다면 감정에 대한 표현은 어떠하였는가?

★ 응용하기 ★

- 만들어진 종이죽을 다양한 형태로 만들어 작품으로 완성할 수 있다.
- 다양한 매체를 함께 사용하여 감각이완활동으로 확장시킬 수 있다.

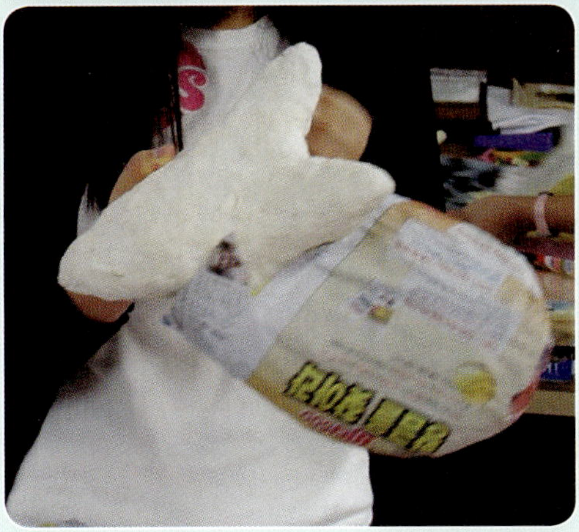

10

내 마음 어루만지기 <천사점토로 활동>

주제	'내 마음 어루만지기'는 천사점토를 이용하여 신체적·정서적 긴장을 이완하고 촉감 자극을 통한 자기인식, 자기탐색에 대한 동기를 유발함으로써 참여자들의 욕구 및 감정표현을 촉진할 수 있다. 특히 부드럽고 따뜻한 느낌의 천사점토는 감각 매체에 대한 거부감이 있는 청소년이나 성인에게 접근하기 용이한 특징을 가지고 있으며, 자연스럽게 참여자의 창조적 자기표현이 가능하도록 돕는다.
목표	감각이완 및 정서이완을 촉진한다. • 자기인식 및 탐색 • 창조적 자기표현 촉진
대상	아동, 청소년, 성인, 집단
매체	천사점토, 물감, 싸인펜, 색접시
진행 과정	❶ 지난 회기에 대한 회고와 한 주 동안의 감정을 나눈 후 오늘의 작업에 대해 소개하고 활동의 목적을 이야기한다. ❷ 눈을 감고 천사점토를 만져 보며 자연스럽게 탐색한 후 연상되는 것들에 대해 이야기 나누어 본다. ❸ 천사점토에 물감을 섞거나 싸인펜을 칠하여 원하는 색의 천사점토를 만들어 본다. ❹ 자신이 표현하고 싶은 것을 자유롭게 만들어 보도록 한다. ❺ 완성된 결과물을 색접시 위에 놓은 뒤 작품에 대하여 이야기 나누어 본다.

CHECK 소통하기

■ 활동 전

- 눈을 감고 천사점토를 만져 보세요. 어떤 느낌이 드나요?
- 연상되는 이미지가 있나요?
- 물감이나 싸인펜을 이용하여 원하는 색의 천사점토를 자유롭게 만들어 보세요.

■ 활동 후

- 활동하면서 어떤 것들이 떠올랐나요?
- 활동 중에 감정의 변화가 있었나요?
- 완성된 작품을 보고 어떤 느낌이 드나요?

CHECK 관찰하기

- 천사점토에 대한 정서적·신체적 반응은 어떠한가?
- 어떠한 감정이나 대상을 연상하는가?
- 활동에 대한 자기표현은 어떠한가?

★ 응용하기 ★

- 완성된 결과물을 도화지 위에 놓고 배경을 꾸며 보거나 이야기를 만들어 보는 활동으로 확장할 수 있다.

• 11

낙서로 보는 내 마음 <개인 난화 그리기>

주제	**'낙서로 보는 내 마음'**은 난화 기법을 이용하여 그림에 대한 부담감을 줄이고 자유롭게 표현하여 심리적 이완을 가져온다. 완성된 후 난화에서 보이는 이미지를 찾아내고 그 이미지에서 느껴지는 자신의 경험이나 기분을 떠올리게 함으로써 자연스럽게 자신의 무의식과 접촉할 수 있는 기회를 제공한다.
목표	**심리적 이완을 촉진시킨다.** • 자기탐색과 자기이해
대상	**아동, 청소년, 성인, 집단**
매체	도화지 2장, 4B연필, 크레파스, 지우개
진행 과정	❶ 지난 회기에 대한 회고와 한 주 동안의 감정을 나눈 후 오늘의 작업에 대해 소개하고 활동의 목적을 이야기한다. ❷ 4B 연필로 자유롭게 도화지를 가득 채울 만큼 낙서하듯 자유롭게 난화를 그려 본다. ❸ 자신이 하고 싶은 만큼 연필 난화를 그린 후 동작을 멈추고 자신의 그림을 바라본다. ❹ 부족한 부분이 있다고 느껴지면 연필 낙서를 첨가하거나 또는 휴지로 어느 부분을 문지르고 지우개로 지우는 등 자유로운 행위를 한다. ❺ 난화가 완성되었다면 눈을 지그시 감고 도화지를 360도로 돌려가며 표현된 난화를 통해 떠오르는 이미지가 있는지 살펴본다. ❻ 떠오르는 이미지가 보이면 다른 도화지에 크레파스로 그 이미지를 그려 본다. ❼ 이미지화에 연관되어 그리고 싶은 것들이나 배경을 추가하여 그림을 완성한다. ❽ 작업이 완성되면 작품의 제목을 정하고 난화를 그릴 때의 느낌과 떠오른 이미지에 대해 이야기한다. ❾ 다른 참여자들의 작품을 감상하고 서로의 느낌을 나눈다.

CHECK 소통하기

■ 활동 전

- 낙서를 해 본 기억이 있나요?
- 어떨 때 낙서를 하게 되나요? 각자의 경험을 나누어 볼까요?
- 낙서를 했을 때의 기분은 어떠했나요?
- 어릴 때의 마음으로 돌아가서 마음껏 낙서를 해 봅시다.

■ 활동 후

- 낙서를 할 때의 기분은 어떤가요?
- 난화를 통해 이미지를 찾을 수 있나요? 무엇이 보이나요?
- 그 이미지는 나의 어떤 기억을 떠올리게 하나요?
- 이미지가 말해 주는 기억으로 돌아간다면 그때의 기분은 어떠한가요?
- 오늘 작업을 통한 나의 감정은 어떠한가요?

CHECK 관찰하기

- 활동을 할 때 어떠한 반응을 보이는가? 낙서를 어려워하는가? 의식적인 선으로 낙서를 하는가?
- 난화에서 이미지 떠올리기를 어려워하는가? 찾아내지 못하는가?
- 이미지와 연관된 자신의 경험에 대해 방어적·회피적인가?
- 현재의 감정을 잘 파악할 수 있는가?

★ 응용하기 ★

- 개인 작업뿐만 아니라 집단 난화로 확장하여 작업할 수 있다.
- 난화를 표현할 수 있는 매체를 물감, 점토 등으로 다양하게 확대할 수 있다.

개인 난화 후 이미지 찾고 이야기 만들기

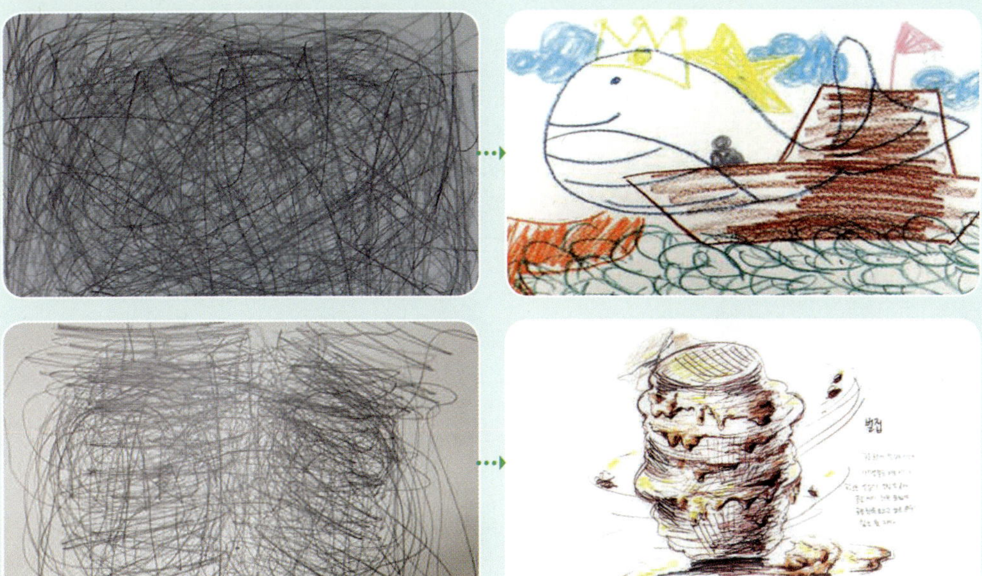

12

낙서로 보는 우리 마음 <집단 난화 그리기>

주제	**'낙서로 보는 우리 마음'**은 집단이 함께 그리는 난화이다. 4~6명의 조원이 하나가 되어 난화로 자유롭게 표현하며 친밀감을 형성하고 심리적 이완을 경험하도록 돕는다. 난화가 완성된 후 조원들이 난화에서 보이는 이미지를 함께 찾고 이야기를 만드는 과정을 통해 집단 내 에너지 분포도, 관계 형성의 방법, 집단의 이슈 등을 알아갈 수 있는 기회를 제공한다.
목표	**친밀감 형성 및 심리적 이완을 촉진시킨다.** • 집단탐색 및 이해
대상	**아동, 청소년, 성인, 집단**
매체	전지, 크레파스
진행 과정	❶ 지난 회기에 대한 회고와 한 주 동안의 감정을 나눈 후 오늘의 작업에 대해 소개하고 활동의 목적을 이야기한다. ❷ 4~6명이 한 조를 이루고 조원들은 선택한 색이 서로 겹치지 않도록 각자 마음에 드는 한 가지 색의 크레파스를 선택한다. ❸ 전지 위에 자유롭게 자신의 색으로 난화를 그리다가 조원 간 합의가 이루어지는 시점에서 난화 그리기를 마친다. ❹ 참여자들은 서로 도움을 주고받으며 집단 난화 속에 숨겨진 이미지를 찾아본다. ❺ 이미지 찾기가 끝나면 조원들은 서로 의논하여 이미지를 활용한 이야기를 만들어 본다. ❻ 이야기의 제목을 정하고 난화 이야기를 조별로 발표한다. ❼ 집단 난화작업을 하며 느낀 감정과 특별히 마음에 남는 이야기나 이미지가 무엇인지 나눔의 시간을 갖는다.

CHECK 소통하기

■ 활동 전

- 낙서를 해 본 기억이 있나요?
- 어떨 때 낙서를 하게 되나요? 각자의 경험을 나누어 볼까요?
- 낙서를 했을 때의 기분은 어떠했나요?
- 오늘 유난히 마음에 드는 색이 있나요? 한 가지 색을 선택해 보세요.
- 전지를 모두 사용하여 자신의 색으로 마음껏 낙서를 시작해 보세요.

■ 활동 후

- 조원들이 함께 낙서를 할 때의 기분은 어떠했나요?
- 난화를 통해 이미지를 찾을 수 있나요? 무엇이 보이나요?
- 내가 찾은 이미지를 조원들이 인정해 줄 때 기분은 어떤가요?
- 자유롭게 난화를 그리기가 힘든 방해 요인이 있었나요?
- 이야기를 만드는 과정은 어떠했나요?
- 오늘 작업을 통한 나의 감정은 어떠한가요?

CHECK 관찰하기

- 활동을 할 때 어떠한 반응을 보이는가?
- 난화가 자신의 영역에서 벗어나지 못하는가? 다른 사람의 영역을 허락 없이 침범하는가?
- 각 개인이 활동한 색의 분포도는 어떠한가?
- 난화 활동을 하며 집단과 개인의 에너지 수준은 어떠한가?
- 난화에서 이미지 찾기를 어려워하는가? 찾아내지 못하는가?
- 이야기 만들기를 할 때 주도적인가? 방관적인가?

★ 응용하기 ★

- 전지를 여러 장 연결하여 활동 범위를 확장하고 전체 집단 난화작업으로 활용할 수 있다.
- 난화를 그릴 수 있는 매체를 물감, 점토 등으로 다양하게 확대 적용할 수 있다.

집단 난화 후 이미지 찾고 이야기 만들기

WORK BOOK

▣ 이완 단계에 해당하는 매체를 적용하여 프로그램을 구성해 보세요.

주제	
목표	
대상	
매체	
진행 과정	

CHECK 소통하기

-
-
-
-

CHECK 관찰하기

-
-
-
-

★ 응용하기 ★

-
-

탐색 단계

· 01

우연히 만난 나의 세계 <마블링>

주제	'우연히 만난 나의 세계'는 마블링 기법을 활용하여 연상되는 상징을 통해 자신의 내면과 연결하여 표현할 수 있도록 안내해 준다. 특히 마블링에 나타난 형상들을 연상하여 스토리텔링을 함으로써 자신의 감정과 심리상태를 볼 수 있는 기회가 된다.
목표	자신의 무의식적 감정을 인식하고 수용한다. • 초기적용 시: 내면탐색 및 인식 • 중기적용 시: 자신감과 자기표현력 증진
대상	아동, 청소년, 성인, 집단
매체	마블링물감, 입구가 넓은 볼, 나무젓가락, 머리카락, 테이프
진행 과정	❶ 지난 회기에 대한 회고와 한 주 동안의 감정을 나눈 후 오늘의 작업에 대해 소개하고 활동의 목적을 이야기한다. ❷ 최근 자신이 어떤 생각들을 많이 하고 있는지 탐색한다. ❸ 넓은 볼에 물을 2/3 넣고, 마음에 드는 색의 마블링물감을 선택하여 물 위에 짠다. ❹ 나무젓가락에 머리카락을 붙인 후 그것을 도구로 삼아 마블링물감 위에서 자유로운 표현을 한다. ❺ 다양한 표현들이 연출되면 물 위에 종이를 살짝 얹었다가 떼어낸 뒤 말린다. ❻ 마블링을 통해 형상화된 이미지를 자유연상해 보고 자신의 감정들과 연결하여 이야기를 나누어 본 후 제목을 붙여 본다. ❼ 완성한 여러 작품을 감상한 뒤, 마음에 드는 작품과 그렇지 않은 작품에 대하여 나눔의 시간을 가진다.

CHECK 소통하기

- 마블링 물감은 물과 기름으로 서로 밀어내는 성질을 지니고 있습니다. 그래서 형태 없이 우연한 작품이 연출될 수 있습니다. 지금부터 자신이 원하는 색을 선택하여 자유롭게 표현해 봅시다.
- 마음에 드는 작품과 그렇지 않은 작품을 보고 어떤 느낌이 드나요?
- 우연하게 연출된 작품을 보며 어떤 이미지가 떠오르나요?

CHECK 관찰하기

- 우연하게 연출된 작품을 통해 참여자는 어떤 심신의 반응을 보이는가?
- 자유연상을 할 때 어떤 감정의 변화가 일어나는가?
- 어떤 색을 주로 사용하고 혼합하는가? 자신의 소망나무를 어떻게 받아들이는가?

★ 응용하기 ★

- 우연히 나온 작품들의 결과물로 스토리텔링 활동을 하며 자신의 내면을 깊게 탐색할 수 있다.

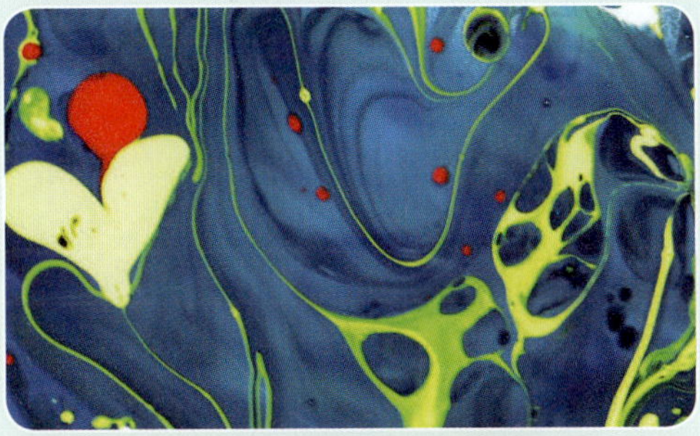

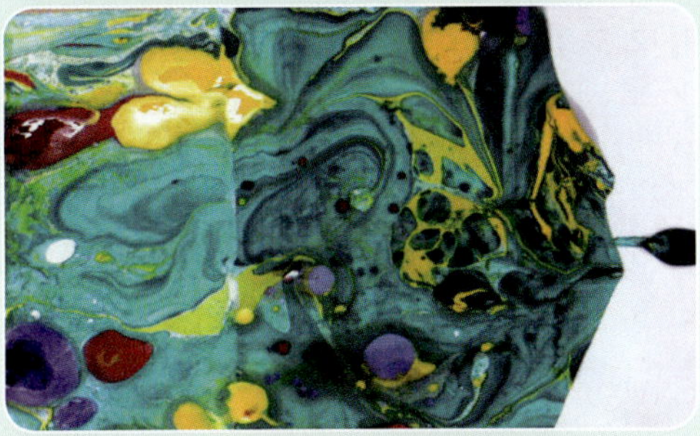

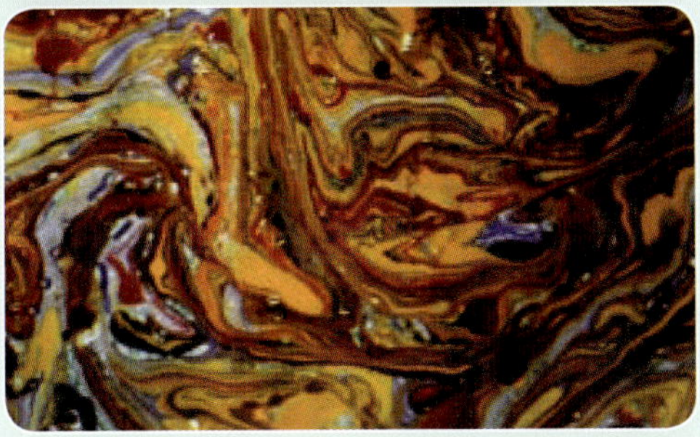

02

내면의 나 만나기 <가면 만들기>

주제	**'내면의 나 만나기'**는 가면을 활용하여 자기내면의 모습과 외면의 모습에 대하여 탐색할 수 있도록 안내해 준다. 가면에서 나타나는 모습을 통해 자신과 타인이 인식하고 있는 모습들에 대하여 생각해 보도록 돕고, 자신의 참 자기와 거짓 자기에 대해서도 나누어 보는 시간을 가진다.
목표	**자신의 내면과 외면을 탐색한다.** • 중기적용 시: 참여자의 자기이해 • 후기적용 시: 긍정적인 자아상과의 만남
대상	**아동, 청소년, 성인, 집단**
매체	가면 틀(종이, 석고, 호일 등 다양한 매체), 그리기 도구, 꾸미기 재료
진행 과정	❶ 지난 회기에 대한 회고와 한 주 동안의 감정을 나눈 후 오늘의 작업에 대해 소개하고 활동의 목적을 이야기한다. ❷ 눈을 감고 자신의 얼굴을 천천히 탐색해 보는 과정을 가진다. ❸ 짝을 지어 자신의 내면과 외면의 모습에 대한 생각을 나눈다. ❹ 자신이 원하는 가면 틀을 선택한 후 현재 자신의 모습을 다양한 매체를 활용하여 표현한다. ❺ 완성된 가면을 바라보면서 제목을 정하고 나눔의 시간을 가진다.

CHECK 소통하기

■ 활동 전

- 눈을 감고 나 자신을 느껴 보세요. 나는 어떤 모습인가요?
- 나의 외면은 어떤 모습을 하고 있나요?
- 나의 내면은 어떤 모습을 하고 있나요?
- 나의 외면과 내면은 어떤 차이점을 보이나요?

■ 활동 후

- 자기를 탐색하면서 어떤 감정이 들었나요?
- 완성된 가면을 바라보며 나에게 어떤 말을 해 주고 싶나요?

CHECK 관찰하기

- 참여자 간 충분한 라포형성이 되었는가?
- 자기탐색 과정에 어떤 반응을 보이는가?
- 내면의 감정이 어떻게 연출되어 지는가?

★ 응용하기 ★

- 거울을 활용하여 자신과의 대화를 시도할 수 있다(내면과 외면을 깊게 탐색하고 통합하는 과정).
- 가면을 직접 쓰고 신체적 활동으로 확장할 수 있다.
- 다양한 매체를 활용하여 가면을 만들 수 있다.

· 03

어린 시절의 집 <집 그리기>

주제	**'어린 시절의 집'**은 과거를 회상하면서 어린 시절에 자신을 탐색하고 현재 자신과 연관된 감정을 찾아가는 과정이다.
목표	자신의 어린 시절을 탐색한다. • 중기적용 시: 자기이해
대상	아동, 청소년, 성인, 집단
매체	도화지, 연필, 채색도구
진행 과정	❶ 지난 회기에 대한 회고와 한 주 동안의 감정을 나눈 후 오늘의 작업에 대해 소개하고 활동의 목적을 이야기한다. ❷ 눈을 감고 어린 시절에 살았던 집을 상상해 보도록 한다. ❸ 그 집에서 안정된 공간, 불편한 공간을 느껴 보도록 한다. ❹ 그 집을 충분히 탐색한 후 과거경험을 떠 올려 보도록 한다. ❺ 눈을 뜬 후, 상상했던 어린 시절의 집을 그림으로 자유롭게 표현한다. ❻ 과거 어린 시절의 주 감정에 대한 나눔의 시간을 가진다.

CHECK 소통하기

■ 활동 전

- 어린 시절 살았던 나의 집을 떠올려 보고, 그 안에 있는 나의 모습을 바라보세요.
- 그 아이의 표정이나 감정을 느껴 보세요.
- 어린 나에게 해 주고 싶은 말은 무엇인지 생각해 보세요. 어린 시절의 나에게 다가가 어깨에 손을 얹고 이야기해 보세요. 어떤 이야기를 해 주고 있나요?

■ 활동 후

- 어린 시절에 느꼈던 나의 감정과 현재 내가 느끼는 감정이 어떻게 연결되어 지나요?
- 어린 시절 나를 만나고 난 후 나의 감정은 어떤가요?

CHECK 관찰하기

- 어린 시절을 탐색하는 과정에서 어떤 장면에서 감정의 변화가 일어나는가?(눈물 흘리기, 미간 찌푸리기 등)
- 감정억압 또는 방어로 인해 어린 시절을 잘 기억하지 못하는가?

★ 응용하기 ★

- 어린 시절 살던 집에서 기억나는 사건들을 글로 적어 볼 수 있다.
- 입체적인 작업으로도 확장할 수 있다.

04

상징으로 가족 만나기 <가족 이미지>

주제	**'상징으로 가족 만나기'**는 참여자가 가족에게 갖고 있는 현재 이미지를 점토를 이용하여 다양한 상징물로 표현할 수 있도록 돕고, 그 상징을 통해 가족관계를 탐색해 볼 수 있는 기회를 제공한다.
목표	가족 이미지를 통해 자신과 가족의 역할을 탐색하고 인식한다. • 중기적용 시: 감정표출과 정화
대상	아동, 청소년, 성인, 집단
매체	천사점토, 물감, 도화지, 채색도구
진행 과정	❶ 지난 회기에 대한 회고와 한 주 동안의 감정을 나눈 후 오늘의 작업에 대해 소개하고 활동의 목적을 이야기한다. ❷ 천사점토를 만지며 이완을 하는 과정을 갖고 정서적 안정을 느낄 수 있도록 한다. ❸ 가족구성원 중 1명을 떠올리고 그 사람을 상징하는 색을 물감이나 싸인펜으로 물들여 본다. ❹ 물들인 천사점토를 이용하여 그 대상의 상징물을 만든다. ❺ 가족구성원의 상징물을 모두 만든 후 도화지에 자유롭게 배치를 하고 배경을 꾸며 보도록 한다. ❻ 작품에 제목을 정하고 가족 상징물들에 대한 의미를 해석하며, 그 작품의 느낌과 생각을 나누는 시간을 가진다.

CHECK 소통하기

■ 활동 전

- 눈을 감고 천사점토를 만져 보세요. 그리고 우리 가족 중 한 명을 떠올려 보세요. 누가 떠오르나요? 떠오른 가족에게 어울리는 색을 찾아 물들여 보세요.
- 물들인 점토로 그 사람의 상징물을 만들어 볼까요?

■ 활동 후

- 가족 상징물을 보았을 때, 나의 감정은 어떠했나요?
- 가족 상징물 속 나의 위치를 보고 어떤 생각이 들었나요?

CHECK 관찰하기

- 가족구성원 중 어떤 대상을 만들 때 많은 시간이 소요되었는가? 혹 제외된 가족구성원은 없는가?
- 가족 상징물에 대해 이야기를 나눌 때 참여자의 표정이나 목소리 톤에 변화가 있는가?
- 가족 상징물의 특징들은 어떠한가?(상징물 간 거리, 크기, 위치, 색감)

★ 응용하기 ★

- 동물 또는 인물 피규어를 활용할 수 있다.
- 말 주머니를 통해 가족 간 상호 작용을 인식할 수 있는 기회를 가진다.

• 05

나라 건설하기 <색테이프 활동>

주제	**'나라 건설하기'**는 색테이프를 이용하여 자신이 가장 안전하다고 생각하는 공간 또는 꿈꾸는 나라를 표현하는 프로그램으로 내면의 안전 기지 욕구를 탐색하게 하고 실제로 만든 공간에서 안정감을 경험하는 기회를 가진다. 특히 색테이프라는 특수한 매체활용은 수정이 용이하고 접근성이 뛰어나 미술활동에 대한 어려움과 불안이 있는 전 연령층에게 매우 효과적이다.
목표	**내면의 어려움과 불안을 탐색하고 정서적 안정감을 경험한다.** • 후기적용 시: 잠재된 창의력 개발, 통합과 자기실현
대상	**아동, 청소년, 성인, 집단**
매체	색테이프(전기테이프), 가위
진행 과정	❶ 지난 회기에 대한 회고와 한 주 동안의 감정을 나눈 후 오늘의 작업에 대해 소개하고 활동의 목적을 이야기한다. ❷ 현재 자신이 갖고 있는 어려움 혹은 불안에 대해 살펴본 후 긴 호흡을 통해 심신을 이완시킨다. ❸ 넓은 공간을 활용하여 자신에게 있어 가장 안전하다고 생각되는 공간 혹은 어려움을 극복할 수 있는 꿈의 나라를 건설하는 시간을 가진다. ❹ 자신의 나라에 명칭을 붙이고, 실제 만든 공간에서 가장 편안한 자세로 잠시 머무는 시간을 가진다. ❺ 자신이 만든 공간을 통해 느꼈던 감정을 나누는 시간을 가진다.

CHECK 소통하기

■ 활동 전

- (주어진 치료공간을 탐색하는 시간) 오늘 이 공간에서 우리는 행복을 찾는 시간을 가지려 합니다.
- 어느 곳이든 괜찮습니다. 나를 가장 편안하고 안전하게 만드는 공간(혹은 꿈꾸는 나라)을 만들어 보도록 하겠습니다.
- 자신이 만든 공간에서 가장 편안한 자세를 취해 봅시다.

■ 활동 후

- 이 곳은 어떤 곳인가요(어떤 나라인가요)?
- 완성된 공간을 보고 어떤 느낌이 드나요?

CHECK 관찰하기

- 매체 사용에 대한 반응은 어떠한가?
- 어떤 공간에서 자신의 나라를 건설하는가?(구석진 곳, 중앙, 특정한 인물 옆 또는 거리감)
- 타인의 공간을 보며 어떠한 반응을 보이는가?
- 활동 중에 특정 감정을 표출하는가?
- 완성된 자신의 공간에서 어떤 행동을 취하는가?

★ 응용하기 ★

- 자신의 공간에 참여자들을 초대하거나 관광을 하는 신체놀이로 확장하여 활동할 수 있다.
- 서로의 공간에 다리를 놓거나 연결할 수 있는 기회를 제공하여 관계 패턴을 탐색할 수 있다.
- 색테이프를 떼어낸 후 테이프를 뭉쳐서 공으로 만들어 놀이로 확장할 수 있다.

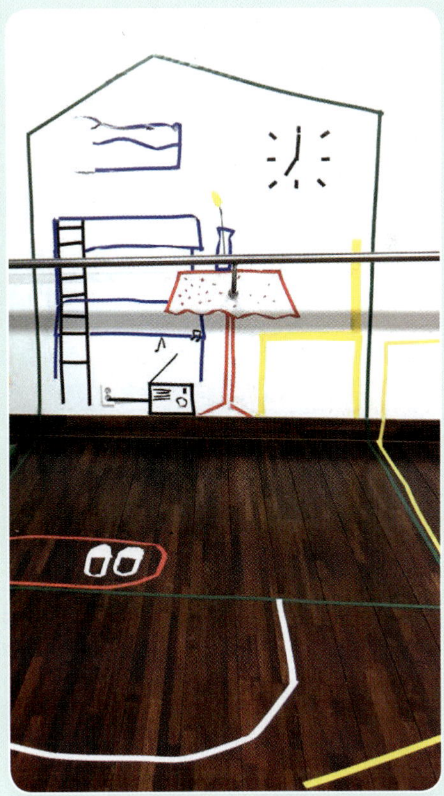

· 06

함께 여행하기 <집단화>

주제	'함께 여행하기'는 한 가지 주제를 부여받고 집단이 함께 활동하는 프로그램이다. 집단은 제시된 주제를 기반으로 토론과 연상을 통해 내면을 탐색하고 집단의 역동성, 기능적인 상호 작용을 경험하는 기회를 가진다.
목표	내면을 탐색하고 타인과의 관계를 인식한다. • 중기적용 시: 집단의 역동성 인식과 수용, 집단 응집력 향상과 기능적인 상호관계 경험
대상	아동, 청소년, 성인, 집단
매체	전지, 그리기 도구
진행 과정	❶ 지난 회기에 대한 회고와 한 주 동안의 감정을 나눈 후 오늘의 작업에 대해 소개하고 활동의 목적을 이야기한다. ❷ 5~6명으로 조를 구성한다. ❸ 조원들에게 '행복의 나라'라는 주제를 주고 자신들이 생각하는 행복의 나라에 대해 나눔의 시간을 가진다. ❹ 행복의 나라에 가기 위해 어떤 방법으로 갈 것인지 이야기를 나눈 뒤, 조원들에게 함께 여행을 떠나기 앞서 서로에게 응원의 메시지를 남길 수 있도록 한다. ❺ 전지 위에 행복의 나라로 가는 과정을 자유롭게 표현해 보도록 한다. ❻ 조원들에게 작품 제목을 정하도록 하고 모든 조의 작품을 전시한 뒤 감상하도록 한다. ❼ 참여자들은 각 조가 표현한 행복의 나라와 여행의 과정에 대해 이야기를 나누도록 한다. ❽ 조별활동을 통해 느꼈던 감정을 나누는 시간을 가진다.

CHECK 소통하기

■ 활동 전

- 오늘 우리는 이 공간에서 행복을 찾는 시간을 가지려 합니다.
- 지금 곁에 있는 조원 한 명 한 명을 천천히 바라봅시다. 여기 조원들은 행복의 나라로 함께 여행을 떠날 친구들입니다.
- 지금부터 우리는 행복의 나라로 여행을 떠납니다. 어떤 방법으로 여행을 떠날지는 자유입니다. 자유롭게 의견을 나누고 행복의 나라로 여행을 떠나봅시다. 즐거운 여행 되세요.

■ 활동 후

- 어떤 방법으로 행복의 나라로 여행했나요?
- 여행을 떠날 때 나의 감정은 어떠했나요?
- 활동을 시작했을 때와 끝났을 때의 감정에 변화가 있었나요?
- 여행을 하면서 나의 역할은 어떠했나요?
- 작품 중 가장 마음에 드는 부분이 있나요?
- 내가 원하는 여행이 되었나요?
- 행복의 나라에는 어떤 것들이 나를 기다리고 있었나요? 또는 행복의 나라에는 무엇이 있었나요?

CHECK 관찰하기

- 상호관계는 어떠한가?
- 활동 중에 특정 감정을 표출하는가?
- 부정적 감정이 어떻게 연출되는가?(표출·발산의 과정에서 표정, 행동을 관찰)
- 여행을 하는 과정에서 참여자는 주도적인가? 소극적인가? 방관적인가? 등 집단에서 어떤 역할을 맡고 있는가?
- 활동을 통해 통찰되는 것이 있는가?

★ 응용하기 ★

- 조원마다 마음에 드는 한 가지 색을 선택하여 표현한 뒤 작품 속 자신의 색을 찾아 대인관계 패턴을 탐색할 수 있는 기회를 제공할 수 있다.
- 가족치료로 활용될 수 있다.
- 입체적인 매체 사용으로 평면작품뿐만 아니라 입체작품으로도 확장할 수 있다.

· 07

종이 대화 <종이 작업>

주제	'종이 대화'는 종이라는 일상적 매체를 이용하여 저항없이 자신의 감정을 표현하고 인식할 수 있도록 돕고, 타인과의 관계 패턴을 탐색해 보는 기회를 제공한다.
목표	자신의 내면탐색 및 타인과의 관계 탐색을 돕는다. • 초기적용 시: 참여자의 자기탐색 • 중기적용 시: 타인과의 관계탐색
대상	청소년, 성인, 집단
매체	다양한 색의 종이(도화지, 색종이, 마분지 등)
진행 과정	❶ 지난 회기에 대한 회고와 한 주 동안의 감정을 나눈 후 오늘의 작업에 대해 소개하고 활동의 목적을 이야기한다. ❷ 눈을 감고 자신의 마음에 집중해 보는 시간을 가진다. ❸ 짝을 정하고 원하는 색의 종이 한 장을 가진다. 이때 타인과의 관계 패턴을 탐색하기 위해 짝과 협의하여 서로 다른 색의 종이를 선택하도록 한다. ❹ 자신의 종이를 마음 가는 대로 자유롭게 표현한다. ❺ 자신이 표현한 작품을 짝의 작품과 어울리도록 배치한다. ❻ 완성된 작품에 제목을 정한 후 혼자 작업할 때의 감정과 짝과 함께할 때의 감정에 대한 나눔의 시간을 가진다.

CHECK 소통하기

■ 활동 전

• 원하는 색의 종이로 내 마음 가는대로 표현해 보세요. 종이를 구기거나 말아도 되고 찢어도 괜찮습니다.
• 내가 완성한 작품과 짝의 작품을 하나의 작품으로 만들어 보세요. 이때 말은 하지 않고 눈빛이나 표정으로 서로의 동의를 구할 수 있어요. 그리고 내 작품은 다른 형태로 변화시킬 수 있지만 짝의 작품은 내가 변화시킬 수 없습니다.

■ 활동 후

• 처음 나의 작품을 만들었을 때 어떤 감정을 표현하였나요?
• 짝과 함께할 때 어떤 생각이나 감정이 들었나요?
• 짝과 작업을 하면서 나타난 나의 관계 패턴이 현재 주변 사람들과의 관계 패턴과 어떻게 연결될까요?

CHECK 관찰하기

- 완성된 작품을 보니 어떤 생각이 드나요?
- 참여자가 자신의 작품을 만들 때 종이를 어떻게 다루는가?(찢기, 구기기, 접기 등)
- 짝(타인)과의 관계 패턴은 어떠한가?
- 짝과의 활동에서 주도적인가? 수동적인가?
- 짝과 함께 완성한 작품을 보고 어떤 감정변화가 있는가?

★ 응용하기 ★

- 3명 이상의 집단일 경우 색종이로 자기 작품을 만든 뒤 전지 위에 배치함으로써 작업을 확장할 수 있다.
- 가족치료에 적용하여 가족 간의 관계 패턴을 볼 수 있다.

· 08

점토로 소통하기 <점토 활동>

주제	**'점토로 소통하기'**는 점토를 이용하여 심리적·신체적 이완을 촉진하고 창작의 욕구를 충족시키는 자유로운 표현활동의 일환이다. 점토를 이용하여 타인과 대화를 나눔으로써 집단소속감과 유대감을 경험할 수 있다.
목표	심리적·신체적 이완을 촉진시키고 관계 패턴을 탐색한다. • 초기적용 시: 이완 및 관계 탐색 • 중기적용 시: 창작의 욕구충족, 유대감 증진
대상	아동, 청소년, 성인, 집단
매체	점토, 도화지
진행 과정	❶ 지난 회기에 대한 회고와 한 주 동안의 감정을 나눈 후 오늘의 작업에 대해 소개하고 활동의 목적을 이야기한다. ❷ 참여자들은 점토를 자유롭게 탐색한다. ❸ 점토를 탐색 후 원하는 모양으로 표현하여 자신의 이름이 적힌 도화지 위에 올려 놓는다. ❹ 점토가 올려진 도화지를 시계방향으로 이동시킨다. ❺ 자신에게 이동되어 온 타인의 작품에 원하는 모양을 덧붙여서 표현한다. ❻ 자신의 이름이 적힌 도화지가 돌아왔을 때 활동을 멈추고 도화지 위의 작품을 완성한다. ❼ 완성된 작품을 감상한 뒤 제목을 정하고 활동을 통해 느낀 점에 대한 나눔의 시간을 가진다.

CHECK 소통하기

■ 활동 전

- 점토를 자유롭게 탐색해 보세요. 손으로 주무르거나 주먹을 쥐고 두드려 보세요. 원하는 형태가 있다면 만들어 보아도 좋습니다.
- 점토를 만지면서 떠오르는 이미지가 있나요? 그 이미지를 형태로 만들어 보세요.

■ 활동 후

- 자신이 처음으로 만든 점토 형태가 어떠한 모습으로 변화되었나요?
- 나에게 돌아온 작품을 보며 어떤 느낌이 드나요?
- 마음에 드는 부분이 있거나 마음에 들지 않는 부분이 있나요?

CHECK 관찰하기

- 점토에 대해 어떤 반응을 보이는가?
- 타인의 작품을 꾸밀 때 어떤 패턴(특징)을 보이는가?
  (가령 타인의 점토 형태와 연관되어 표현하는가? 자신만의 형태를 만드는가?)
- 타인이 추가한 부분에 어떤 반응을 보이는가?
- 완성된 작품에 어떠한 의미를 두는가?

★ 응용하기 ★

- 일반 점토 외에 다양한 색과 질감의 점토를 사용하여 관계 패턴을 파악할 수 있다.

· 09

마음속 동물 <상징 활동>

주제	**'마음속 동물'**은 자신의 감정을 동물에 투사하여 탐색해 봄으로써 내면의 그림자를 만나보는 기회를 가진다. 특히 참여자는 동물 이미지를 통해 타인에 대한 자신의 긍정적·부정적 감정을 탐색할 수 있으며 나아가 타인과의 관계 패턴을 인식할 수 있다.
목표	**감정을 탐색하고 관계 패턴을 인식한다.** • 초기적용 시: 자기감정 탐색 • 중기적용 시: 관계 패턴 인식과 정서표출
대상	아동, 청소년, 성인, 집단
매체	도화지, 채색도구, 가위, 풀, 동물 그림 혹은 사진
진행 과정	❶ 지난 회기에 대한 회고와 한 주 동안의 감정을 나눈 후 오늘의 작업에 대해 소개하고 활동의 목적을 이야기한다. ❷ 자신이 좋아하는 동물, 싫어하는 동물을 떠올려 보고 그 동물의 특징과 느낌은 어떤지 서로 이야기 나누어 본다. ❸ 도화지에 자신을 상징하는 동물 이미지를 선택하여 붙인다. ❹ 자신의 주변사람들은 떠올리고 그 사람들을 대하는 자신의 태도와 흡사한 성향을 띄는 동물 이미지를 찾아 그리거나 표현해 본다(예 엄마 앞에서는 나는 순한 양, 친구 앞에서는 나는 원숭이). ❺ 자신의 모습을 비유한 동물 이미지와 다른 사람들과의 관계에서 보이는 동물 이미지가 어떻게 다른지 탐색한다. ❻ 활동 과정 속에서 느낀 타인에 대한 감정에 대해 나눔의 시간을 가진다.

CHECK 소통하기

■ 활동 전

- 자신을 동물로 비유한다면 어떤 동물이 떠오르나요?
- 자신에게 긍정적 혹은 부정적 영향을 주는 사람은 누구인가요? 그 사람과의 관계를 떠올려 보세요. 그 사람 앞에서 보이는 나의 태도는 어떤 동물을 닮았나요?

■ 활동 후

- 내 주변 사람들을 대하는 나의 모습이 어떤 동물로 비유되었나요?
- 작업을 끝낸 후 나의 감정은 어떤가요?
- 타인을 대하는 방식의 동물 모습을 바꾸고 싶은 것이 있나요? 만일 동물의 모습을 바꾸었다면 바꾸기 전과 바꾼 후의 감정은 어떠한가요?

CHECK 관찰하기

- 주변인을 대하는 모습이 긍정적인가, 부정적인가?
- 정서적으로 지지하는 주변인이 많은가? 부정적 영향을 주는 주변인이 많은가?
- 동물의 어떤 특징에 대한 투사가 많이 이루어지는가?(공격적인가? 순종적인가? 방어적인가?)
- 동물에 투사하는 과정을 통해 자신의 모습을 통찰할 수 있는가?

★ 응용하기 ★

- 동물 그림들을 이용하여 역할놀이로 확장할 수 있다.
- 가족치료에 적용하여 가족관계 패턴을 파악할 수 있다.
- 동물 피규어나 만들기 재료를 이용하여 동물을 표현할 수 있다.

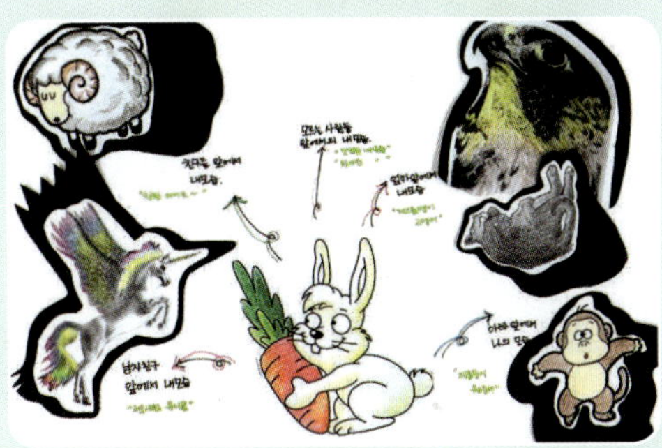

· 10

기억을 담은 봉투 <콜라주>

주제	'**기억을 담은 봉투**'는 콜라주 기법을 이용하여 자신의 과거를 회상하고 기억과 연결된 현재감정을 탐색하여 정화하는 기회를 가질 수 있도록 한다.
목표	**내면을 탐색하고 감정을 정화한다.** • 초기적용 시: 내면탐색 및 인식 • 중기적용 시: 감정표출 및 정화
대상	**청소년, 성인, 집단**
매체	다양한 종류의 봉투, 채색도구, 가위, 풀, 꾸미기 재료
진행 과정	❶ 지난 회기에 대한 회고와 한 주 동안의 감정을 나눈 후 오늘의 작업에 대해 소개하고 활동의 목적을 이야기한다. ❷ 눈을 감고 과거의 기억을 떠올려 본다. ❸ 회상한 기억과 감정을 종이에 글로 적거나 상징하는 그림으로 그려 본 후 원하는 모양과 크기의 봉투를 만든다. ❹ 만들어진 봉투에 회상한 기억을 적은 종이나 상징그림을 넣고 봉투 꾸미기를 마무리한다. ❺ 완성된 봉투를 간직할 수도 있고 밀봉하여 버릴 수도 있음을 안내한다. ❻ 완성된 작품에 제목을 붙이고 활동 과정 중에 느낀 감정과 생각을 나누는 시간을 가진다.

CHECK 소통하기

■ 활동 전

- 눈을 감고 과거의 기억을 떠올려 봅니다. 자주 떠오르는 기억을 중심으로, 그 기억이 언제 있었던 일인지, 어떤 감정인지 천천히 탐색해 보세요.
- 지금부터 우리는 떠올린 기억을 담을 봉투를 만들어 볼 거예요. 부정적인 기억, 긍정적인 기억이 담길 봉투를 따로 만들어도 좋고, 하나의 봉투를 만들어도 좋습니다.

■ 활동 후

- 기억 봉투를 만들며 어떤 느낌이 들었나요?
- 완성된 봉투는 간직할 수도 있고 원한다면 기억을 밀봉하여 버릴 수도 있습니다.

CHECK 관찰하기

- 참여자의 기억 봉투가 어떤 감정을 담고 있는가?
- 참여자는 기억 봉투를 어떻게 다뤄지길 원하는가?
- 작품에 특징적인 부분들이 있는가? (크기, 색감, 사용 매체의 특징 등)

★ 응용하기 ★

- 자신만의 봉투를 만들어서 활용하거나 봉투 외에 상자를 이용하여 활동을 확장시킬 수 있다.

• 11

멋진 나 <인체 꾸미기>

주제	**'멋진 나'**는 다양한 매체를 이용하여 자신의 내면의 탐색하고, 장점을 찾아보는 작업이다. 자신의 긍정적인 점을 찾아서 인체모형을 꾸밈으로써 자존감을 향상시킬 수 있으며 자신의 감정을 긍정적으로 변화시키는 힘을 발휘할 수 있도록 돕는다.
목표	**자기탐색을 통한 긍정적 자기인식을 한다.** • 자존감 향상 및 긍정적 감정 변화인식
대상	**아동, 청소년, 청소년, 집단**
매체	싸인펜, 색연필, 다양한 모양의 스티커, 인체모형 그림, 색종이, 풀, 가위, 꾸미기 재료
진행 과정	❶ 지난 회기에 대한 회고와 한 주 동안의 감정을 나눈 후 오늘의 작업에 대해 소개하고 활동의 목적을 이야기한다. ❷ 자신이 할 수 있는 것, 잘하는 것, 자신의 자랑거리나 좋아하는 것 등을 생각해 본다. ❸ 인체 모형에 다양한 재료를 이용하여 장점을 표현한 자신의 모습을 꾸미고 그 의미를 알아본다(인체모형은 각자의 특성을 넣어 도화지로 만들거나, 시중에서 판매되는 종이 인체모형을 사용할 수도 있다). ❹ 자신의 장점을 나눈다. ❺ 장점을 찾지 못할 경우 참여자들이 서로 다른 사람의 장점을 찾아 지지하거나 칭찬하는 시간을 가진다. ❻ 집단에서 자신이 갖고 싶은 장점을 가지고 있는 다른 사람이 있는지 말하고 그 이유를 설명한다. ❼ 활동 후 느낌에 대한 나눔의 시간을 가진다.

CHECK 소통하기

■ 활동 전

- 나의 장점을 찾아보세요. 내가 잘하거나 잘할 수 있는 것은 어떤 것이 있을까요?
- 다른 사람들은 어떤 장점을 가지고 있을까요?
- 장점을 지닌 나의 모습을 꾸며 보세요.

■ 활동 후

- 나의 장점을 어떻게 표현했나요?
- 앞으로 키우고 싶은 장점이 있나요? 있다면 무엇인가요?
- 다른 친구들이 나를 칭찬해 주었을 때 어떤 기분이 드나요?
- 참여자들의 장점 중 내가 키우고 싶은 장점이 있나요?
- 키우고 싶은 장점이 나에게 주어진다면 어떤 모습으로 변해 있을까요?

CHECK 관찰하기

- 자신의 장점을 적절히 잘 찾아내고 표현하고 있는가?(과장 또는 축소)
- 타인의 장점을 잘 찾아 주고 긍정적으로 반응하는가?
- 자신에 대해 어떤 관점과 생각을 가지고 있는가?
- 자신의 장점을 이야기하며 어떠한 태도를 보이는가?

★ 응용하기 ★

- 각자의 장점 중 하나를 선택하여 역할을 배정하고 연극 시나리오를 짜서 연극활동으로 확장할 수 있다.
- 장점을 찾지 못하는 참여자에게는 구성원이 롤링페이퍼 형식으로 지지의 메시지를 담아 신체배경을 꾸며줄 수 있다.

· 12

종이 한 장에 담긴 마음 <종이 활동>

주제	'종이 한 장에 담긴 마음'은 일상적으로 접할 수 있는 A4종이를 이용하여 자유롭게 자신의 마음을 표현하는 활동으로 말로 표현하지 못하는 자신의 감정을 은유적으로 표현하고 명료화할 수 있도록 돕는다. 미술 매체에 부담을 느끼는 참여자들에게 용이하여 자연스럽게 미술작업을 할 수 있도록 유도하고 창조성을 자극하는 기회를 제공한다.
목표	자기내면을 탐색하고 표현한다. • 자기탐색과 자기이해 • 흥미 유발을 통한 동기부여 강화 • 창조활동 촉진
대상	아동, 청소년, 청소년, 집단
매체	A4용지 1장(참여자가 원할 경우 칼이나 가위, 또는 간단한 그리기 도구를 제공할 수 있다.)
진행 과정	❶ 지난 회기에 대한 회고와 한 주 동안의 감정을 나눈 후 오늘의 작업에 대해 소개하고 활동의 목적을 이야기한다. ❷ 조용히 눈을 감고 오늘하루 나에게 어떤 일이 있었는지 떠올려 본다. ❸ 아침 기상에서부터 지금까지의 내 모습을 생각하며 지금 이 순간 나에게 가장 크게 다가오는 감정은 어떠한지 느껴 보도록 한다. ❹ 두 손을 종이 위에 얹은 후 현재 느껴지는 감정들을 손으로 전달해 보도록 한다. ❺ 현재의 감정을 자신의 손이 가는대로 구기거나, 찢거나 접는 등 A4용지를 변형하여 자유롭게 표현해 보도록 한다. ❻ 손과 A4용지만을 사용하여 표현할 수 있으나 참여자가 원할 경우 가위나 칼, 크레파스 등 간단한 도구를 제공할 수 있다. ❼ 완성된 자신의 작품을 보고 오늘 있었던 일들과 지금의 감정을 이야기한다. ❽ 다른 참여자들의 작품을 보고 서로의 느낌을 나눈다.

CHECK 소통하기

■ 활동 전

- 오늘은 어떤 일들이 있었나요? 무엇이 떠오르나요?
- 하루를 돌아본 나의 감정은 어떤가요?
- A4용지를 바라보고 손으로 만져본 느낌은 어떠한가요?

■ 활동 후

- 나의 종이는 어떻게 변해 있나요?
- 변형된 종이 형태에는 어떤 의미가 담겨 있나요?
- 활동하기 전의 나의 감정과 활동 후의 감정은 어떠한가요?

CHECK 관찰하기

- 활동을 할 때 어떠한 반응을 보이는가? 과격한가? 소극적인가?
- 손과 종이 이외에 다른 도구를 요구하는가?
- 자신의 감정을 잘 파악하고 표현하는가?
- 현재의 감정을 어떻게 표현하는가?

★ 응용하기 ★

- 채색도구를 사용하여 다양한 감정을 표현할 수 있다.
- 개인 작업뿐만 아니라 집단이 함께 상호 작용을 하는 놀이로 확장할 수 있다.

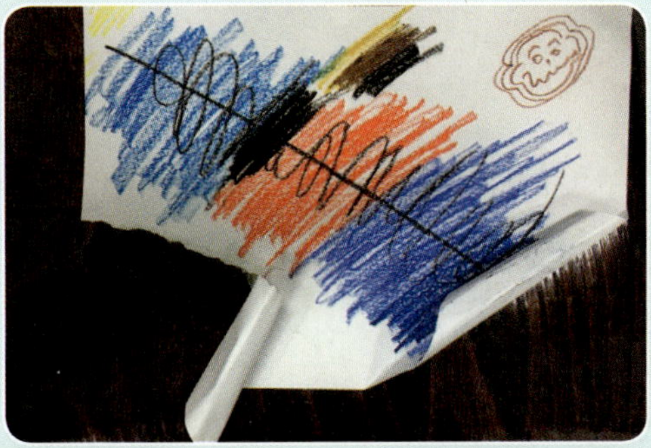

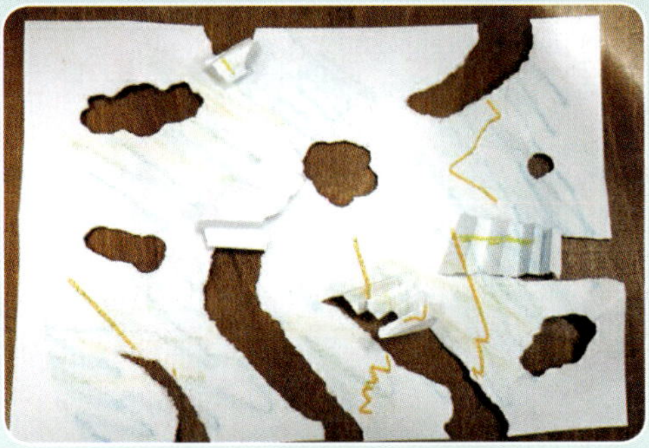

· 13

신비한 알 만들기 <석고붕대 활동>

주제	**'신비한 알 만들기'**는 자기탐색을 통하여 내면의 욕구를 알아차릴 수 있도록 돕고 시각적으로 표현된 알의 형상을 통해 변화에 대한 긍정적인 기대감을 가질 수 있도록 한다.
목표	**자기내면의 욕구를 탐색하고 표현한다.** • 자기탐색과 자기이해 • 후기적용 시: 희망의 고취
대상	**아동, 청소년, 청소년, 집단**
매체	석고붕대, 물, 풍선, 가위, 쟁반, 아크릴물감, 붓
진행 과정	❶ 지난 회기에 대한 회고와 한 주 동안의 감정을 나눈 후 오늘의 작업에 대해 소개하고 활동의 목적을 이야기한다. ❷ 알의 이미지를 떠올려 보고, 자신에게 필요한 것을 주는 신비한 알이 있으면 어떨지 이야기 나누어 본다. ❸ 자신이 만들고 싶은 알의 크기만큼 풍선을 불어본다. ❹ 석고붕대를 탐색해 본 후 2cm 정도의 크기로 자른다. ❺ 자른 석고붕대 조각을 물에 넣은 뒤 풍선 겉면에 붙이고 석고가루가 매끄럽게 펴지면서 붙도록 문지른다. ❻ 풍선 밑면에 석고붕대를 여러 겹 겹쳐 무게중심을 두고 풍선이 잘 세워지도록 한다. ❼ 작업 중 석고붕대가 굳어져가는 것을 관찰하고 두께가 얇거나 약하게 느껴지는 곳은 추가로 석고붕대를 붙여 단단하게 만든다. ❽ 석고붕대가 굳어 스스로 형태를 유지하게 되었을 때, 풍선의 윗부분을 잘라서 제거한다. ❾ 만들어진 알의 표면에 자신이 원하는 색의 물감을 칠하여 완성한다. ❿ 완성된 알을 보며 새로 탄생한 것에 대해 이야기를 나눈다. ⓫ 다른 참여자들의 작품을 보고 서로의 느낌을 나누어 본다.

CHECK 소통하기

■ 활동 전

- 만약 우리가 원하는 것을 줄 수 있는 신비한 알이 있다면 어떨까요?
- 알 속에서 어떤 것이 태어나면 좋을지 생각해 보세요(그것은 어떠한 대상이 될 수 있고, 용기나 인내심 같은 보이지 않은 것일 수도 있습니다).

■ 활동 후

- 석고붕대의 변화를 지켜보며 어떤 느낌이 들었나요?
- 알에는 어떠한 의미가 있고, 무엇이 태어났나요?
- 완성된 작품을 보고 어떠한 생각이 드나요?

CHECK 관찰하기

- 알의 크기는 어떠한가?
- 석고붕대를 만질 때의 반응은 어떠한가?
- 풍선이란 매체에 대해 어떠한 반응을 보이는가?(불안, 거부, 터트리려는)
- 완성된 작품은 어떠한 의미를 가지고 있는가?

★ 응용하기 ★

- 석고붕대로 알의 형태 만들기 작업과 알 꾸미기 작업으로 2회기 작업으로 나누어 진행할 수 있다.
- 완성된 알에서 나오게 될 새로운 의미에 대해 그리기나 만들기 작업을 함으로써 활동을 확장할 수 있다.

· 14

마음속 걸림돌 찾기 <이미지 작업>

주제	'마음속 걸림돌 찾기'는 자신에게 부정적으로 작용하는 내적 요인(신념)을 찾고 인지하도록 함으로써 긍정적인 자기발전을 위해 어떠한 노력을 할 수 있을지 적극적으로 대안을 탐색하도록 돕는다.
목표	자신의 부정적 감정을 탐색하고 인식한다. • 자기탐색과 자기이해 • 부정적 내적 요인 인식(부정적 신념 수정)
대상	아동, 청소년, 성인, 집단
매체	도화지, 연필, 지우개, 채색도구
진행 과정	❶ 지난 회기에 대한 회고와 한 주 동안의 감정을 나눈 후 오늘의 작업에 대해 소개하고 활동의 목적을 이야기한다. ❷ 과거 자신이 목표하거나 하고자하는 일이 이루어지지 않았을 때의 경험을 떠올려 본다. ❸ 그 경험에서 방해 요인으로 작용했던 마음속의 걸림돌을 찾아본다(대상, 사건, 장소, 신념 등). ❹ 채색도구를 이용하여 걸림돌을 이미지화해 본다. ❺ 걸림돌을 제거했을 때 자신의 모습이 어떨지 생각해 보며, 걸림돌을 제거하기 위해 어떤 노력을 할 수 있을지 이야기 나누어 본다.

CHECK 소통하기

■ 활동 전

- 눈을 감고 자신의 마음속을 들여다봅니다. 과거에 자신이 목표했던 일이 이루어지지 않았을 때(실패했을 때)의 경험을 떠올려 보세요. 그때 마음속의 무엇이 당신을 방해했나요?
- 그 걸림돌은 언제 만들어졌을까요?
- 걸림돌의 크기와 형태는 어떨까요?
- 내 마음속의 걸림돌이 없어진다면 나는 어떤 모습이 될지 표현해 보세요.

■ 활동 후

- 마음속에 있는 걸림돌을 확인하였을 때 어떠한 느낌이 들었나요?

- 걸림돌이 제거된 나의 모습은 어떨까요?
- 걸림돌을 제거하기 위해 자신이 할 수 있는 것은 무엇이 있을까요?

CHECK 관찰하기

- 자기의 내면을 탐색할 수 있는가?
- 활동 중에 감정의 변화를 보이는가?
- 걸림돌을 외부에서 찾는가? 내부에서 찾는가?
- 걸림돌을 제거하는 것에 어떠한 반응을 보이는가?

★ 응용하기 ★

- 걸림돌이 있을 때의 자신의 모습과 걸림돌을 제거하였을 때의 자신의 모습을 비교하여 표현해 볼 수 있다.
- 걸림돌이 있을 때의 자신의 모습을 동작이나 상황극으로 표현해 볼 수 있다.
- 찰흙이나 뭉친 종이, 돌이나 바위 사진 등 다양한 매체로 걸림돌의 이미지를 구체화하여 표현해 볼 수 있다.

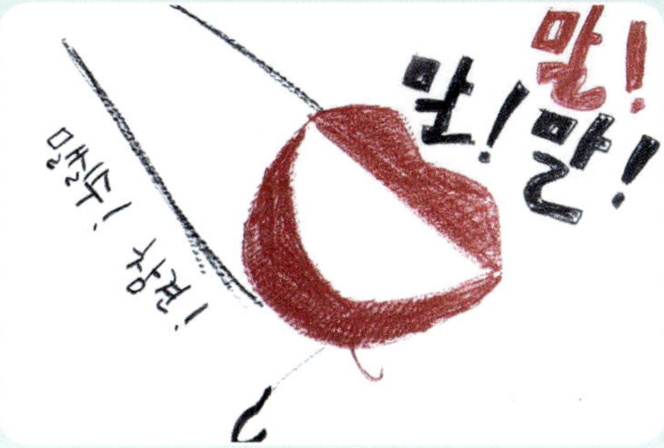

· 15

꿈꾸는 나 <신체 본뜨기>

주제	**'꿈꾸는 나'**는 다양한 매체를 이용하여 신체 본뜨기를 하는 활동으로, 긍정적으로 변하고 싶은 나의 모습, 자신의 꿈을 실현할 수 있는 멋진 나를 발견하고 탐색하는 작업이다. 이 작업은 집단 활동으로도 유용하게 활용될 수 있으며 참여자 간 친밀감을 형성하고 사회성을 증진시킬 수 있는 기회를 제공한다.
목표	**자기탐색 및 자기표현을 통해 자신감을 형성한다.** • 자기탐색과 자기이해 • 친밀감 형성 • 자존감 향상 및 희망의 고취
대상	**아동, 청소년, 성인, 집단**
매체	전지, 한지(여러 가지 색), 풀, 테이프, 꾸미기 재료
진행 과정	❶ 지난 회기에 대한 회고와 한 주 동안의 감정을 나눈 후 오늘의 작업에 대해 소개하고 활동의 목적을 이야기한다. ❷ 긍정적으로 변화되고 싶은 나의 모습, 꿈꾸는 미래의 나에 대해 탐색해 본다. ❸ 탐색 후 연상된 이미지와 장면에 대해 이야기 나누어 본다. ❹ 전지를 여유 있게 벽면이나 바닥에 고정시킨다. ❺ 두 명씩 짝을 지어 서로의 신체 본을 떠서 그리는 것을 도와준다. ❻ 신체 본을 뜰 때는 자신이 원하는 포즈로 자유롭게 표현할 수 있도록 한다. ❼ 자신의 신체 본을 바라보고 충분히 탐색 후 자유롭게 꾸미는 작업을 한다. ❽ 완성된 작품을 보며 제목을 정하고, 자신의 감정과 생각에 대해 나누어 본다.

CHECK 소통하기

■ 활동 전

- 자신의 멋진 모습, 미래의 나, 되고 싶은 나는 어떤 모습인가요?
- 꿈꾸는 나를 가장 잘 표현할 수 있는 옷은 어떤 스타일일까요?
- 미래의 나를 잘 표현하는 포즈를 취해 보세요.
- 여러 가지 꾸미는 재료들로 자신을 자유롭게 표현해 보세요.

■ 활동 후

- 나는 어떤 모습을 하고 있나요?
- (작품) 꾸며진 자신의 모습을 바라보며 어떤 느낌이 드나요?
- 나의 모습에 더 추가해 주고 싶은 것이 있나요?
- 만약 작품 속에 나의 모습처럼 꿈이 실현된다면 나의 마음은 어떨까요?

CHECK 관찰하기

- 보편적인 인체표현과 다르게 표현된 부분이 있는가?(신체의 한 부분만 강조 또는 무표현, 뒷모습, 다른 성, 동물 등) 그렇다면 어떤 의도인가?
- 타인과의 상호 작용에 어떤 반응을 보이는가?(신체 본뜨기 시의 반응)
- 자신의 작품에 만족해 하는가?
- 작업을 할 때 어떤 태도로 참여하는가?(적극적 혹은 소극적)

★ 응용하기 ★

- 미래의 나와 직접 이야기를 시도할 수 있으며, 참여자 간 역할극을 할 수 있다.

· 16

마음속 지도 <마음 그리기>

주제	**'마음속 지도'**는 하트로 표현된 자신의 마음이 어떤 감정과 사건으로 채워져 있는지 알아볼 수 있는 기회를 제공한다. 마음속 지도를 그리며 자신의 마음 방향을 확인하고 자신을 발견하며 이해할 수 있도록 안내한다.
목표	**자기를 탐색하고 인식할 수 있다.** • 자기발견 및 자기이해
대상	**아동, 청소년, 성인, 집단**
매체	도화지, 그리기 재료(싸인펜, 크레파스, 색연필 등)
진행 과정	❶ 지난 회기에 대한 회고와 한 주 동안의 감정을 나눈 후 오늘의 작업에 대해 소개하고 활동의 목적을 이야기한다. ❷ 자신의 마음속은 어떤 감정과 사건들로 채워져 있는지 탐색해 본다. ❸ 마음속에 채워진 것들 중에서 가장 크고 가장 작은 부분을 차지하고 있는 것은 무엇인지 살펴본다. ❹ 자신의 마음을 하트로 표현하고 마음속 이야기를 그림으로 나타내 본다. ❺ 하트그림에서 가장 큰 부분을 차지한 것은 무엇인지 살펴보고 그 마음이 현재의 삶 속에서 자신에게 어떤 영향을 미치는지 알아보도록 한다. ❻ 자신이 강렬히 원하지만 의외로 작은 부분을 차지하고 있는 마음이 있다면 어떤 것인지 찾아보고 그 이유를 탐색해 본다. ❼ 자신의 작품에 제목을 붙이고 작업을 통해 느낀 감정을 이야기한다. ❽ 다른 참여자들의 작품을 감상하고 서로의 느낌을 나눈다.

CHECK 소통하기

■ 활동 전

- 내 마음은 어떤 모습일까요?
- 내 마음은 어떤 감정과 사건으로 가득 차 있을까요?
- 마음속에 지도가 있다면 어떤 모습일지 그림으로 나타내 보세요.

■ 활동 후

- 어떤 마음이 가장 큰 부분을 차지하고 있나요?
- 어떤 마음이 가장 작은 부분을 차지하고 있나요?
- 내 마음속 지도에서 없애버리고 싶거나 마음에 들지 않는 부분이 있나요?
- 마음속 지도에서 표현된 것 중에 나를 기쁘게 하거나 힘들게 하는 부분이 있나요?
- 오늘의 작업을 마치고 난 후 나의 감정은 어떠한가요?

CHECK 관찰하기

- 작업을 하며 표현하기 힘들어 하는 부분이 있는가?
- 작업 과정에서 감정의 동요가 일어나는가? 어떤 부분인가?
- 마음을 드러내는 것에 방어적이고 회피적인가?
- 자신의 현재 감정을 잘 파악할 수 있는가?

★ 응용하기 ★

- 개인 작업뿐만 아니라 집단이 함께 상호 작용을 하는 놀이로 확장할 수 있다.

· 17

마음의 문 <문 그리기>

주제	**'마음의 문'**은 통로의 역할을 담당하는 문의 상징성을 통해 참여자가 현실에서 느끼는 문제를 보는 방식과 해결방식을 알아볼 수 있으며 참여자 내면의 에너지 강도를 이해할 수 있도록 도움을 준다.
목표	**자기를 탐색하고 표출할 수 있다.** • 자기발견 및 자기이해
대상	**아동, 청소년, 성인, 집단**
매체	도화지, 그리기 재료(싸인펜, 크레파스, 색연필 등)
진행 과정	❶ 지난 회기에 대한 회고와 한 주 동안의 감정을 나눈 후 오늘의 작업에 대해 소개하고 활동의 목적을 이야기한다. ❷ 눈을 감고 자신이 커다란 문 앞에 서 있다는 상상을 한다. ❸ 그 문은 무엇으로 만들어진 문이며 어떤 모습의 문인지 상상한다. ❹ 그 문을 열었을 때 문 밖에는 무엇이 보이며 어떤 상황이 펼쳐지고 있는지 상상해 본다. ❺ 도화지를 접어서 내가 생각한 문의 형태를 만들고 문의 앞모습과 문을 열었을 때의 모습을 그려 본다. ❻ 자신의 작품에 대해 설명하고 감정을 이야기한다. ❼ 다른 참여자들의 작품을 감상하고 서로의 느낌을 나눈다.

CHECK 소통하기

■ 활동 전

- 여러 가지 문을 상상해 보세요. 어떤 모습의 문이 떠오르나요?
- 내가 본 문 중에 기억에 남는 문이 있나요? 그 문은 어떤 문이었나요?
- 자신이 상상한 문을 만들고 꾸며 보세요.

■ 활동 후

- 내가 만든 문은 어떤 문인가요? 무엇으로 만들어 졌나요?
- 이 문을 열면 무엇이 보이나요?

- 문을 열 수 없다면 이유는 무엇일까요?
- 내가 지금 작품 안에 있다면 어디쯤 위치해 있을까요? 무엇을 하고 있을까요?
- 오늘 작업 과정에서 나의 감정은 어떠한가요?

CHECK 관찰하기

- 작업 중에 특별한 감정을 나타내는가?
- 작업에서 나타나는 에너지 강도는 어떠한가?
- 문을 연다는 상징적 행위에 기대감을 가지고 있는가? 좌절감을 표현하는가?
- 문울 여는 자신의 모습이 긍정적인가, 부정적인가?
- 문제를 해결하려는 의지가 있는가? 현재 자신의 위치를 어떻게 표현하고 있는가?

★ 응용하기 ★

- 집단에 적용하여 커다란 문을 만들고 그림으로 나타내는 작업을 통해 집단의 이슈와 에너지 강도를 탐색하는 활동으로 확장할 수 있다.

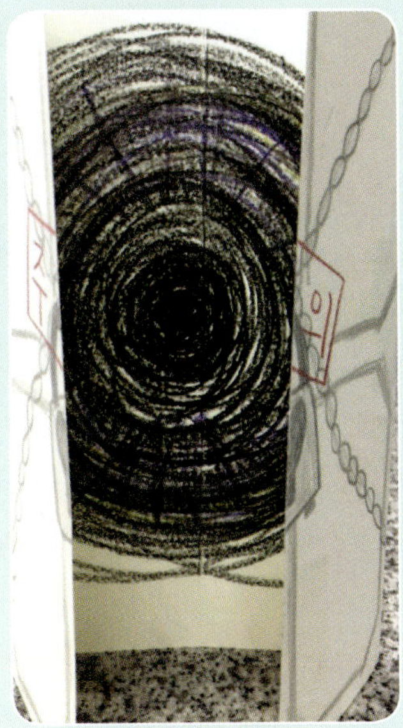

WORK BOOK

▣ 탐색 단계에 해당하는 매체를 적용하여 프로그램을 구성해 보세요.

주제	
목표	
대상	
매체	
진행 과정	

CHECK 소통하기

•
•
•
•

CHECK 관찰하기

•
•
•
•

★ 응용하기 ★

•
•

표출·발산 단계

· 01

마음의 소리 <마라카스>

주제	'마음의 소리'는 마라카스를 활용하여 에너지를 활성화시키고 감정표출의 기회를 가진다. 여러 가지 병이나 캔을 사용하여 자신만의 소리를 내는 경험은 자신감을 형성하는 데 도움을 준다. 또한, 집단 안에서 참여자들은 서로 함께 연주를 하며 상호 작용을 촉진시킨다.
목표	내면의 억압된 감정을 표출하고 상호 작용을 증진시킨다. • 감정표출 및 자신감 형성 • 자기표현력 증진
대상	아동, 청소년, 성인, 집단
매체	병이나 캔, 곡식(쌀, 콩, 보리, 작은 돌, 모래 등)
진행 과정	❶ 지난 회기에 대한 회고와 한 주 동안의 감정을 나눈 후 오늘의 작업에 대해 소개하고 활동의 목적을 이야기한다. ❷ 여러 가지 모양의 병과 캔을 준비하고 그 안에 넣을 쌀이나 콩, 보리, 작은 돌, 모래 등을 나열해 둔다. ❸ 준비된 매체를 탐색하는 시간을 가진다. ❹ 참여자가 원하는 곡물을 병이나 캔 속에 넣어 다양한 소리를 내어본 후 여러 가지 소리를 비교해 본다. ❺ 여러 가지 소리 중 가장 마음에 드는 소리를 내는 곡물을 선택하여 병이나 캔 속에 넣어 밀봉한다. ❻ 이런 방법으로 여러 개의 마라카스를 만들고 표면에 스티커나 색종이로 꾸며 주는 작업을 한다. ❼ 음악에 맞추어 연주해 보기도 하고 집단활동 시 다 함께 합주놀이(박자 맞추기)를 경험한다. ❽ 활동 후 느낀 점을 나누는 시간을 가진다.

CHECK 소통하기

■ 활동 전

• 내가 좋아하는 소리와 싫어하는 소리를 떠올려 보세요.
• 나를 소리로 표현한다면 어떤 소리일까요?

■ 활동 후

- 다른 사람들의 소리를 들었을 때 어떤 느낌이 들었나요?
- 나를 소리로 표현했을 때 어떤 느낌이 드나요?
- 참여자들과 합주 후의 감정은 어떤가요?

CHECK 관찰하기

- 소리에 예민한가? 특정 소리에 반응하는가?
- 합주 시 참여자들과의 조화는 어떠한가?
- 활동 중에 특정 감정을 표출하는가?

★ 응용하기 ★

- 여러 회기에 걸쳐 활동을 진행하고 작은 음악회를 여는 것으로 확장시킬 수 있다.

· 02

춤추는 구슬 <구슬화>

주제	**'춤추는 구슬'**은 구슬을 이용하여 자유롭게 자신의 감정을 표현하는 작업이다. 특히 조절감이나 통제력이 부족한 참여자들에게는 안정된 공간 안에서 자유로운 활동할 수 있는 기회를 제공한다.
목표	자기표출 및 조절기능을 강화시킨다. • 감정이완 • 감정조절과 자신감 형성
대상	아동, 집단
매체	치료쟁반이나 빈 피자박스, 여러 개의 구슬, 포스터칼라, 도화지
진행 과정	❶ 지난 회기에 대한 회고와 한 주 동안의 감정을 나눈 후 오늘의 작업에 대해 소개하고 활동의 목적을 이야기한다. ❷ 치료쟁반이나 빈 피자박스에 도화지를 붙인다. ❸ 틀 안에 물감을 조금 넣은 뒤 그 위에 구슬을 구르게 하고 구슬이 지나간 자리에 표현된 흔적들을 살펴보는 시간을 가진다. ❹ 구슬그림에 연상되는 이미지를 확장하여 표현해 본다. ❺ 자신이 만든 결과물에 대하여 이야기를 나누는 시간을 가진다.

CHECK 소통하기

■ 활동 전

- 구슬들이 잘 굴러갈 수 있도록 쟁반을 움직여 보세요.
- 구슬이 밖으로 나가지 않게 조절해 볼까요?
- 굴러가는 구슬의 소리는 어떤가요?

■ 활동 후

- 구슬이 지나간 흔적을 보면 어떤 이미지가 떠오르나요?
- 내 마음대로 구슬이 굴러가지 않았을 때 어떤 기분이 들었나요?

CHECK 관찰하기

- 매체 사용에 대한 조절력이 있는가?
- 구슬이 구르는 소리에 어떤 반응을 보이는가?
- 구슬이 지나간 흔적에서 어떤 이미지를 연상하는가?

★ 응용하기 ★

- 활동 시 다양한 선율의 음악을 활용하여 행동특성을 관찰할 수 있다.
- 연상작업을 촉진하기 위해 다양한 동식물의 사진을 활용할 수 있다.

03

미움 떠내려 보내기 <배 만들기>

주제	**'미움 떠내려 보내기'**는 종이를 이용하여 참여자들이 원하는 만큼의 큰 종이배를 만드는 활동으로서 표출, 발산, 통합의 과정을 경험하게 하고 자신의 부정적 감정, 문제를 비롯하여 집단이 공통적으로 안고 있는 문제를 인식하도록 한다. 또한, 보편성을 집단에서 확인하고 해결방법을 제시하도록 도우며 참여자들이 모두 역할을 가지고 활동함으로써 책임감을 가지고 성취감을 갖게 한다.
목표	**부정적인 감정을 정화한다.** • 소속감 및 협응능력 증진 • 책임감 및 성취감
대상	**아동, 청소년, 성인, 집단**
매체	2절지[참여자들의 수에 따라 크기가 달라짐. 5명 기준 30장(1인 6장씩)], A4용지, 테이프, 가위, 그리기 도구
진행 과정	❶ 지난 회기에 대한 회고와 한 주 동안의 감정을 나눈 후 오늘의 작업에 대해 소개하고 활동의 목적을 이야기한다. ❷ 각자 A4용지를 이용하여 자신의 배를 접는다(과거 배 접기의 기억). ❸ 참여자들은 배의 크기, 모양을 위해 각자의 의견을 내고 나누는 시간을 가진다. ❹ 2절 종이를 바닥에 펼쳐놓고 테이프를 이용하여 이어 붙여 큰 종이 한 장으로 만든다. ❺ 참여자들은 다 같이 모여 종이를 접어 배를 만든다(가로 세로 종이의 길이가 최소 5m가 넘기 때문에 모든 참여자의 화합이 필요하다). ❻ 접은 배를 세우고 배를 자유롭게 꾸미고 표현하는 시간을 가진다. ❼ 만들어진 배에 자신의 부정적 감정이나 목표, 희망사항을 적거나 다양한 색을 이용하여 자유롭게 표현한다. ❽ 배의 이름을 정하고 바닥에 파란색 천을 깔거나(효과를 주기 위해) 바다라고 상상 후에 배를 떠나보내는 과정의 시간을 가진다. ❾ 활동이 마무리되면 원을 만들어 서로의 감정에 대한 나눔의 시간을 가진다.

CHECK 소통하기

■ 활동 전

- 자신이 잊고 싶은 부정적 경험과 감정에 대해 생각해 보세요.
- 오늘 만들 배에 실어 떠나보내고 싶은 것은 무엇이 있나요?

■ 활동 후

- 배가 완성된 후 나의 감정은 어떠했나요?
- 활동을 시작했을 때와 끝났을 때의 감정에 변화가 있었나요?
- 배를 떠나보낼 때의 감정은 어떠했나요?
- 배를 만들면서 나의 역할은 어떠했나요?
- 활동하는 과정 중에 참여자들과 함께하며 어떤 감정이 들었나요?

CHECK 관찰하기

- 부정적 감정이 어떻게 연출되는가?(표출·발산의 과정에서 표정, 행동을 관찰)
- 활동 중에 특정 감정을 표출하는가?
- 배를 만드는 과정에서 참여자는 주도적인가? 비협조적인가? 관찰자의 역할인가? 등 어떠한 역할을 맡고 있는가?

★ 응용하기 ★

- 파란색 천을 바닥에 깔아 실제 바다처럼 효과를 주어 부정적 감정을 떠나보내는 퍼포먼스로 연결하여 활동을 확장할 수 있다.

• 04

마음 물들이기 <물들기 활동>

주제	**'마음 물들이기'**는 실생활에서 쉽게 접하는 휴지를 이용하여 자신의 내적 사고와 정서를 표출하며 감정의 이완을 돕는 작업이다. 이 작업은 자신의 정서적 무의식을 통찰할 수 있게 하고, 원이 주는 안정감 속에서 창의적인 활동을 할 수 있도록 한다. 더불어 휴지를 활용한 작업은 미술표현에 부담을 가지고 있는 사람들에게도 쉽게 접근할 수 있다는 장점을 가지고 있다.
목표	**내면세계 탐구와 표출을 돕는다.** • 후기적용 시: 통합과 자기실현
대상	**아동, 청소년, 성인, 집단**
매체	휴지, 물감, 물약통(5~8개), 마분지, 음악
진행 과정	❶ 지난 회기에 대한 회고와 한 주 동안의 감정을 나눈 후 오늘의 작업에 대해 소개하고 활동의 목적을 이야기한다. ❷ 조용한 음악을 들려주며 자신의 마음에 집중하는 시간을 가진다. ❸ 원형의 마분지 위에 풀칠한 뒤 휴지를 잘 말아서 원형의 띠를 만들고 그 안에서 자유롭게 꾸며 보도록 한다. ❹ 마음에 드는 물감의 색을 선택한 뒤 물이 들어있는 물약통에 넣어 잘 섞일 수 있도록 흔든다. ❺ 물감이 든 물약통을 조금씩 짜주며 휴지 위에 물을 들이는 작업을 한다. ❻ 완성된 작품에 제목을 정하고 작업 중 얻은 감정에 대하여 나눔의 시간을 가진다.

CHECK 소통하기

■ 활동 전

- 눈을 감고 자신에게 집중해 보세요. 무엇이 느껴지나요? 나에게 어떤 색이 보이나요?
- 물약통에 있는 물감이 원으로 나가지 않도록 조절하며 짜볼까요?
  (조절에 어려움이 있는 대상)
- 화장지를 두 줄로 꼬아도 좋고 똘똘 뭉쳐 원을 만들어 주어도 좋습니다. 자유롭게 표현해 보세요.

■ 활동 후

- 활동과정 중 감정의 변화가 있었나요?
- 완성된 작품을 보고 어떠한 느낌이 드나요?

CHECK 관찰하기

- 물약통 사용 시 참여자의 반응은 어떠한가?
- 어떠한 색을 중점적으로 사용하는가?
- 휴지로 만든 작품의 형태는 어떠한가?
- 완성된 자신의 작품에 대한 만족도는 어떠한가?

★ 응용하기 ★

- 마분지를 대신하여 색접시를 활용할 수 있다.
- 잘 꼬아진 휴지 띠를 활용하여 다양한 작품활동을 할 수 있다.

• 05

날려버려 스트레스 1 <깃발 만들기>

주제	**'날려버려 스트레스'**는 자신의 삶 속에서 나타나는 스트레스를 살펴보고 직접 깃발을 만들어 흔들어 보는 신체활동을 통해 에너지를 상승시킨다. 또한 활동을 통해 부정적인 감정을 표출하고 해소하는 과정에서 카타르시스를 경험한다.
목표	부정적인 감정을 정화시킨다. • 긍정적 자아개념을 확립
대상	아동, 집단
매체	다양한 색의 펠트지, 크레파스, 나무막대, 양면테이프, 가위
진행 과정	❶ 지난 회기에 대한 회고와 한 주 동안의 감정을 나눈 후 오늘의 작업에 대해 소개하고 활동의 목적을 이야기한다. ❷ 다양한 바람의 종류에 대해(회오리바람, 태풍, 솔바람, 봄바람 등) 생각해 보고 자신의 스트레스와 가장 닮은 바람을 무엇인지 찾는다. ❸ 바람이 부는 모습, 바람을 맞았을 때의 느낌은 어떤지 다양하게 신체나 언어로 표현해 보도록 한다. ❹ 참여자가 좋아하는 색의 펠트지를 선택하도록 한 후 원하는 깃발의 모양을 만들고 다양한 매체를 이용하여 자유롭게 표현한다. ❺ 나무 막대에 깃발을 고정시키고 바람 속에서 흔들리는 깃발의 모습을 상상하여 흔들어 보거나 깃발을 들고 뛰어 본다. ❻ 활동이 마무리되면 나의 바람은 어떤 바람이며 그 바람 속에서 깃발은 어떻게 흔들리고 있는지, 또한 나에게 깃발은 어떤 의미가 있는지 나눔의 시간을 가진다.

CHECK 소통하기

■ 활동 전

- 나의 스트레스를 바람으로 표현해 보세요. 어떤 바람이 불고 있나요?
- 깃발에는 어떤 의미를 담았나요?

■ 활동 후

- 깃발을 들고 흔들 때의 느낌은 어떠했나요?

- 바람 속에 있는 나의 깃발은 어떻게 흔들리고 있나요?
- 자신의 깃발이 바람 속에서 힘차게 나부끼는 모습을 상상해 보세요. 자신의 깃발에게 어떤 말을 해 주고 싶나요?

CHECK 관찰하기

- 어떤 종류의 바람이 불고 있는가?
- 거친 바람이 불고 있다고 할 경우 참여자의 실제 삶 속에서 느끼는 정서적 어려움은 무엇인가?
- 바람이나 깃발에 어떤 정서를 담았는가?

★ 응용하기 ★

- 두 집단으로 나뉘어 한 집단은 바람이 되고, 한 집단은 깃발이 되어 놀이로 확장하여 활동할 수 있다.

06

날려버려 스트레스 2 <부채 만들기>

주제	**'날려버려 스트레스'**는 자신의 스트레스를 알아보고 부정적 정서와 문제를 인식하도록 돕는다. 부채를 이용하여 스트레스를 날려버리는 신체활동을 통해 감정을 정화하며 카타르시스를 경험하도록 한다.
목표	**부정적 정서의 표출 및 정화를 경험한다.** • 스트레스 대처능력 향상 • 성취감 및 자신감 향상
대상	**아동, 청소년, 성인, 집단**
매체	부채틀, 풍선, 채색도구, 꾸미기 재료, 풀, 가위 등
진행 과정	❶ 지난 회기에 대한 회고와 한 주 동안의 감정을 나눈 후 오늘의 작업에 대해 소개하고 활동의 목적을 이야기한다. ❷ 자신의 스트레스 요인은 무엇인지 서로 이야기를 한다. ❸ 스트레스를 해소하기 위한 대처방법에 대해 모색해 본다. ❹ 스트레스를 받을 때 떠오르는 색을 연상하여 그 색의 풍선을 선택한 뒤 풍선에 자신의 스트레스 목록을 적어 본다. ❺ 자신의 스트레스를 날릴 수 있는 강력한 힘이 있는 부채를 꾸며 본다. ❻ 스트레스 목록이 쓰여 있는 풍선을 향해 힘껏 부채를 부치는 퍼포먼스를 한다. ❼ 퍼포먼스 후 자신의 부채에 제목을 정하고 활동을 통해 느낀 점을 나눈다.

CHECK 소통하기

■ 활동 전

- 최근 나에게 스트레스를 주는 요인은 무엇인가요?
- 스트레스를 받을 때 나의 기분과 행동은 어떠한가요?
- 스트레스를 어떻게 해결하고 싶은가요?
- 참여자들이 함께 느끼는 공통된 스트레스는 어떤 것인가요?

■ 활동 후

- 스트레스를 날려 버릴 때의 감정은 어떤가요?

- 스트레스 날리는 부채는 어떤 의미가 있나요?
- 부채를 만들기 전과 후에는 어떤 감정의 변화가 느껴지나요?

CHECK 관찰하기

- 자신의 스트레스를 어떠한 시선으로 바라보는가?
- 스트레스를 일으키는 요인을 잘 파악하고 있는가?
- 부정적 감정을 인식하고 해결하기 위한 참여자의 태도는 어떠한가?

★ 응용하기 ★

- 부채 이외에도 다른 매체를 이용하여 스트레스를 날리는 방망이, 요술봉 등을 만들어 응용할 수 있다.
- 서로의 스트레스 풍선을 함께 날려주기도 하고, 터트리는 퍼포먼스를 통해 활동을 확장시킬 수 있다.

· 07

나아갈 길 찾기 <우드락 활동>

주제	**'나아갈 길 찾기'**는 우드락을 이용해 표출, 발산, 통합의 과정을 경험하게 한다. 활동을 통해 참여자의 사회적 관계 형성 패턴을 파악할 수 있고 미래의 목표가 설정되어 있는지 알 수 있다. 또한 참여자가 목표를 이루어 갈 때 방해 요소는 어떤 것이 있으며 지지적 요소는 무엇인지 알 수 있는 기회를 제공한다.
목표	자기인식을 하도록 한다. • 긍정적인 사회적 관계 형성
대상	아동, 청소년, 성인, 집단
매체	전지 우드락(다양한 색상), 작은 우드락, 우드락 본드, 네임펜, 파스넷 등
진행 과정	❶ 지난 회기에 대한 회고와 한 주 동안의 감정을 나눈 후 오늘의 작업에 대해 소개하고 활동의 목적을 이야기한다. ❷ 조별활동에서 바탕으로 쓸 전지 우드락과 각기 다른 색의 작은 우드락을 준비하여 참여자들이 좋아하는 색을 각자 선택하도록 한다. ❸ 작은 우드락을 마음껏 부러뜨릴 수 있도록 한다. ❹ 4~5명 정도로 조를 나누어 조별로 작업을 진행하도록 한다. ❺ 부러진 조각들을 이용하여 자신의 길을 만들고 출발점과 도착점을 표시한다. ❻ 도착 지점에 가면 무엇이 있을 것 같은지 상상하여 도착점에 그림을 그려 본다. ❼ 자신의 길을 따라 출발에서 도착지까지 가는 길의 주변을 표현해 본다. ❽ 작업이 끝나면 조별로 각자의 길에 대해 이야기를 나누고 서로 의논하여 함께 만든 작품에 제목을 정하도록 한다. ❾ 조별로 작품에 대한 발표를 하고 서로의 느낌을 나눈다.

CHECK 소통하기

■ 활동 전

- 자신이 만든 길을 걷고 있다고 상상해 보세요. 지금 걸어가고 있는 길은 어떤 모습인가요?
- 지금부터 우드락을 부러뜨려 볼 거예요. 큰 소리가 날 수도 있습니다.
- 우드락 조각을 이용하여 나의 길을 만들어 보세요.

■ 활동 후

- 우드락을 부러뜨릴 때의 느낌은 어떠했나요?
- 서로의 길이 마주치거나 부딪힐 때의 느낌은 어떠했으며, 문제를 어떻게 해결했나요?
- 나의 출발지와 도착지는 어떤 모습인가요?
- 자신의 길 주변에 어떤 특별한 풍경이나 상황이 있나요?
- 내가 출발지를 떠나 도착지점까지 갈 때 방해 요소가 있나요? 있다면 그것은 무엇인가요?
- 나의 길을 따라 도착지까지 잘 가기 위해서 필요한 것은 무엇일까요?
- 조별로 함께 이야기를 나누고 제목을 정할 때 어떤 느낌이 들었나요?

CHECK 관찰하기

- 우드락을 부러뜨리는 모습이 공격적인가? 특정한 대상을 언급하며 분노를 표출하는가?
- 길을 만들어 가며 참여자들이 서로의 길을 존중해 주는가?
- 타인의 길을 가로지르거나 합해지는 지점에서 어떻게 서로의 갈 길을 조율하고 있는가? 자신의 주장만을 내세우며 독단적인가? 서로 협의 후 긍정적인 해결방안을 제시하는가? 치료사의 개입이 필요한 경우가 있는가?
- 길들이 조화롭게 배치되었는가? 고립되거나 끊어져 있는 길이 있는가?
- 출발지와 목적지는 어떠한가? 뚜렷한 목적지가 있는가?
- 목적지를 향해 가는 동안 주변의 환경이나 상황의 표현은 어떠한가? 긍정적이고 지지적인 환경인가?
- 작품의 제목을 정하거나 이야기를 나눌 때 적극적인가? 방관자인가? 어떤 역할을 하는가?

★ 응용하기 ★

- 참여자들이 함께 우리가 가고 싶은 길을 만들고 꾸미기를 하여 큰 집단활동으로 확장할 수 있다.

08

내 마음을 열어 봐 <습자지 활동>

주제	'**내 마음을 열어 봐**'는 연상작용으로 다양한 색의 습자지를 이용해 자신의 최근 감정을 색과 형태로 표현하는 활동이다. 습자지를 찢어보고 날려 보는 과정에서 스트레스를 해소하고 부정적 정서와 문제를 인식하도록 하며 감정의 카타르시스를 경험하도록 돕는다.
목표	**감정표출 및 현재 감정을 인식한다.** • 감정의 발산 및 정화
대상	**아동, 청소년, 성인, 집단**
매체	습자지, 도화지, 물풀
진행 과정	❶ 지난 회기에 대한 회고와 한 주 동안의 감정을 나눈 후 오늘의 작업에 대해 소개하고 활동의 목적을 이야기한다. ❷ 습자지를 마음껏 찢거나 구겨보고 던져 보면서 탐색한다. ❸ 탐색 후 연상된 장면에 대해 이야기하고 느껴지는 감정을 떠올려 본다. ❹ 습자지 소리와 색을 통해 연상되는 감정에 따라 습자지를 던지며 자유롭게 몸을 움직여 본다. ❺ 연상된 장면에서 기분은 어떠했는지 살펴보고 자신의 마음을 표현해 주는 색의 습자지를 골라 도화지 위에 구기거나 찢어서 붙여 본다. ❻ 작품을 보며 자신의 최근 감정을 객관적으로 인식하는 과정과 함께 나눔의 시간을 가진다.

CHECK 소통하기

■ 활동 전

- 습자지를 만져 보세요. 습자지를 구기거나 흔들어 보세요. 어떤 소리가 들리나요?
- 습자지 소리를 듣고 연상되는 일이나 사건, 장면이 있나요?
- 떠오르는 감정에 따라 습자지를 찢거나 구겨 보세요.
- 습자지를 날리며 몸을 움직여 보세요. 기분이 어떤가요?
- 오늘 사용한 습자지 중에 어떤 색이 마음에 드나요? 그 색습자지를 선택하여 도화지 위에 자유롭게 나의 마음을 표현해 보세요.

■ 활동 후

- 힘들었던 감정은 어떤 것들이 있나요?

- 도화지 위에 펼쳐 놓은 나의 마음을 보고 어떤 생각이 드나요?
- 선택한 습자지 색과 나의 마음은 어떠한 연관이 있나요?

CHECK 관찰하기

- 특별히 부정적 감정이 폭발하거나 공격적인 반응을 보이는가?
- 참여자의 에너지 강도는 어떠한가?
- 도화지 위에 자신의 마음을 표현하는 작업을 할 때 소극적이거나 감정을 회피하려고 하는가?

★ 응용하기 ★

- 색습자지 외 신문지나 A4용지를 매체로 활용하여 활동할 수 있다.
- 찢어놓은 습자지를 뭉쳐서 테이프로 감아 공을 만들고 공놀이를 통해 부정적 감정을 던져버리는 퍼포먼스를 진행할 수 있다.

• 09

나는 패션왕 <습자지 활동>

주제	**'나는 패션왕'**은 색습자지로 옷을 만들어 입는 활동으로, 긍정적으로 변하고 싶은 자신의 모습을 탐색할 수 있도록 한다. 또한 집단활동으로 적용하여 참여자 간 친밀감을 형성하고 사회성을 증진시킬 수 있도록 돕는다.
목표	**자기를 탐색하고 표출할 수 있다.** • 초기적용 시: 참여자의 자기탐색과 자기이해, 친밀감 형성 • 후기적용 시: 자존감 향상 및 희망의 고취, 긍정적 미래상 제시
대상	아동, 청소년, 성인, 집단
매체	전지 색습자지, 테이프
진행 과정	❶ 지난 회기에 대한 회고와 한 주 동안의 감정을 나눈 후 오늘의 작업에 대해 소개하고 활동의 목적을 이야기한다. ❷ 조를 나누어 자신들만의 패션 컨셉을 정하도록 한다. ❸ 전지 색습자지로 자신의 옷을 만들거나 조원들의 옷을 꾸며 준다. ❹ 멋진 옷을 차려입고 새로운 능력과 모습으로 변신한 자신을 자랑하는 패션쇼를 한다. ❺ 변신한 자신의 모습에 대해 어떤 느낌이 드는지 나눔의 시간을 가진다.

CHECK 소통하기

■ 활동 전

- 현재 자신의 모습은 어떤가요?
- 자신의 모습 중에 마음에 들거나 마음에 들지 않는 부분이 있나요?
- 변화되고 싶은 자신의 모습은 어떤가요? 변화를 위해서 필요한 것이 있나요?

■ 활동 후

- 서로 의논해서 정한 패션 컨셉은 무엇인지 이야기해 볼까요?
- 다른 조원들이 나를 위해 꾸며줄 때 어떤 기분이 들었나요?
- 만든 옷을 입고 변화된 자신의 모습을 보고 어떻게 느꼈나요?
- 변화된 모습으로 살아갈 앞으로의 내 모습에 대해 이야기해 보세요.

CHECK 관찰하기

- 조원들과 의견을 나눌 때의 태도는 어떠한가?
- 주로 자신을 꾸미는가? 타인을 꾸며주길 원하는가?
- 활동이 능동적인가? 수동적인가?
- 집단에서의 역할은 어떠한가(주인공인가, 보조자인가, 방관자인가)?
- 변화된 자신의 모습에 대한 반응은 어떠한가?

★ 응용하기 ★

- 종결시점에서 프로그램을 응용할 경우는 패션쇼를 위한 무대를 만들고 다양한 소품과 음악을 함께 사용하여 종결 발표회를 할 수 있다.

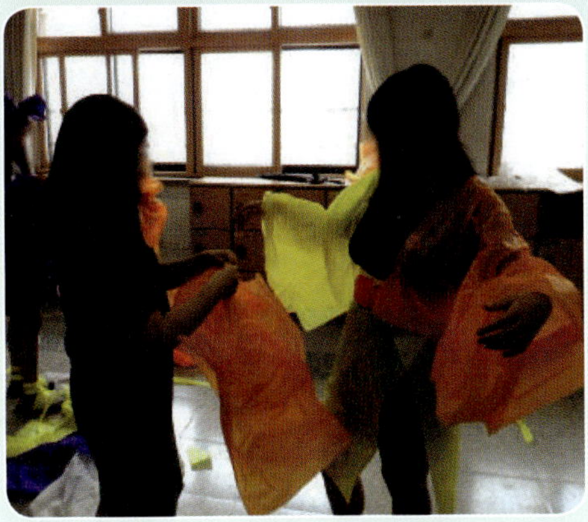

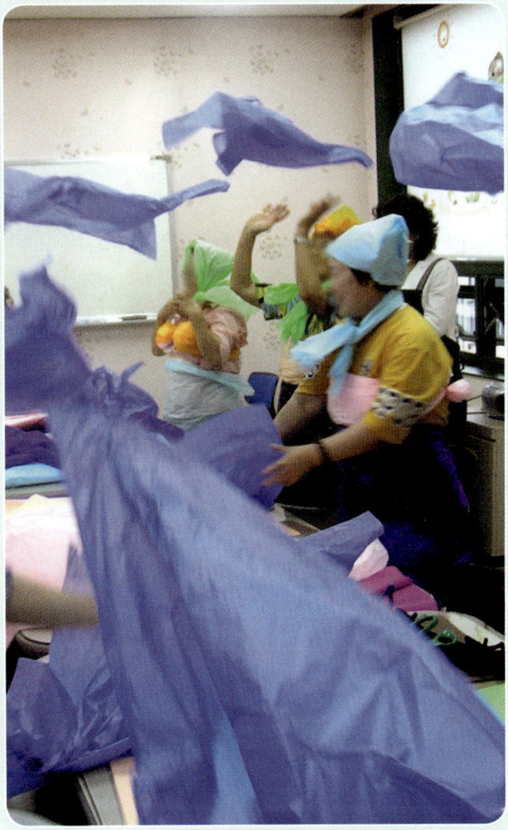

· 10

마음을 담아주는 그릇 <점토 활동>

주제	**'마음을 담아주는 그릇'**은 점토를 이용하여 놀이처럼 자유로운 활동을 함으로써 부정적 감정을 자연스럽게 표출하고 발산할 수 있는 기회를 제공한다. 또한 점토를 다시 하나로 모아 그릇을 만드는 과정을 통해 감정을 통합할 수 있도록 돕고, 점토의 부드러운 촉각적 자극을 통해 감정을 순화하고 자유로운 표현을 가능하게 하여 창조성을 자극하는 기회를 제공한다.
목표	발산을 통한 감정의 정화를 경험한다. •자기탐색과 자기이해 •감정표출과 통합
대상	아동, 청소년, 성인, 집단
매체	점토 또는 데코레이션 찰흙, 점토용 도구, 색접시, 꾸미기 재료, 오공 본드
진행 과정	❶ 지난 회기에 대한 회고와 한 주 동안의 감정을 나눈 후 오늘의 작업에 대해 소개하고 활동의 목적을 이야기한다. ❷ 점토를 만져 보며 촉감은 어떤지, 무엇이 연상되는지 이야기 나눈다. ❸ 점토를 두드리고, 자르고, 던지거나 뭉치는 과정을 통해 감정을 마음껏 표출한다. ❹ 흩어진 점토를 하나로 뭉쳐서 구(球)를 만들고 한동안 조용히 바라본 후 떠오르는 이미지를 손으로 빚어서 자신의 마음을 담을 수 있는 그릇을 만든다. ❺ 만들어진 그릇을 자신이 원하는 접시에 올려 두고 꾸미기를 한다. ❻ 자신의 그릇에는 어떤 마음을 담고 싶은지, 그릇에 담겨진 것이 버리고 싶은 것인지 간직하고 싶은 것인지에 대해 자신의 마음을 이야기한다. ❼ 다른 참여자들의 작품을 보고 서로의 느낌을 나눈다.

CHECK 소통하기

■ 활동 전

- 점토를 만진 느낌은 어떠한가요? 무엇이 떠오르나요?
- 점토를 마음껏 자르고 던지고 두드리는 느낌은 어땠나요?
- 흩어진 점토를 하나로 뭉쳐서 구(球)를 만들고 바라보았을 때 어떤 이미지가 떠올랐나요?

■ 활동 후

- 구(球)를 보며 떠오른 이미지를 이용하여 나의 마음을 담아주는 그릇을 만들어 보세요.
- 그릇 속에는 어떤 마음이 담겨져 있나요?
- 그릇 속에 담긴 마음을 버리고 싶은가요? 간직하고 싶은가요?

CHECK 관찰하기

- 점토 놀이 활동을 할 때 어떠한 반응을 보이는가?(과격한가? 소극적인가?)
- 자신의 그릇에 부정적인 감정을 담았을 경우, 참여자의 실제 삶 속에서 느끼는 정서적 어려움은 무엇인가?
- 정서적 어려움이 있다면 극복할 수 있는 내면의 힘이 있는가?

★ 응용하기 ★

- 개인 작업뿐만 아니라 집단이 함께 상호 작용을 하며 점토 놀이를 하거나 함께 그릇을 만드는 작업으로 확장할 수 있다.

· 11

분노 깨부수기 <우드락 활동>

주제	**'분노 깨부수기'**는 우드락을 이용하여 참여자가 자신의 부정적인 감정을 인식하고 발산하는 경험을 할 수 있도록 한다. 자신이 감당할 수 없는 화나 분노의 감정이 쌓일 때, 어떻게 해결하는 것이 좋은지 집단에서 해결방법을 찾는 경험을 하고 우드락 부수기 활동에 적극 참여하여 부정적 감정을 해소하며 감정의 정화를 돕는다.
목표	부정적 감정을 인식하고 표출한다. • 감정의 해소 및 정화
대상	아동, 청소년
매체	우드락, 유성매직, 전기테이프, 글루건
진행 과정	❶ 지난 회기에 대한 회고와 한 주 동안의 감정을 나눈 후 오늘의 작업에 대해 소개하고 활동의 목적을 이야기한다. ❷ 최근 화나 분노의 감정이 느껴진 경험이 있는지 떠올려 보고 그 경험에 대해 이야기한다. ❸ 화나 분노의 감정들을 그림 또는 단어나 문장으로 우드락 위에 자유롭게 적어 보거나 그리도록 한다. ❹ 부정적인 감정표현이 된 우드락을 자유롭게 격파시키거나 부숴 버리는 활동을 한다. ❺ 우드락을 부순 후 현재 자신의 감정에 대해 이야기를 나누어 본다. ❻ 우드락 조각들로 자신이 원하는 것을 자유롭게 만들어 본다. ❼ 완성된 작품을 보며 활동 중 자신이 느낀 감정에 대해 이야기 나누며, 화나 분노의 감정을 안전하게 표출하고 해소할 수 있는 방법에 대해 서로 이야기한다.

CHECK 소통하기

■ 활동 전

- 최근 화나 분노의 감정을 느낀 적이 있나요?
- 어떤 사건이나 대상이 그러한 감정을 불러 일으켰나요?
- 화나 분노의 감정을 담아 우드락을 격파하거나 부숴 보세요.

■ 활동 후

- 우드락 위에 화나 분노를 표현하며 어떤 생각이 들었나요?
- 우드락을 부술 때 기분이 어땠나요? 그 소리를 듣고 연상되는 사건, 장면이 있나요?
- 부서진 우드락 조각들을 보았을 때 어떤 마음이 드나요?
- 화나 분노를 표현하면서 아쉬운 점이 있나요?
- 완성된 작품을 보고 어떤 느낌이 드나요?

CHECK 관찰하기

- 화나 분노를 표현할 때 감정조절이 잘 되는가? 부정적 감정이 폭발하거나 공격적인 반응을 보이지는 않는가?
- 참여자의 에너지 강도는 어떠한가?
- 화나 분노 감정을 회피하려고 하는가?
- 우드락 소리에 어떤 반응을 보이는가?

★ 응용하기 ★

- 부숴진 우드락으로 참여자들이 함께 공동 작업을 진행할 수 있다.

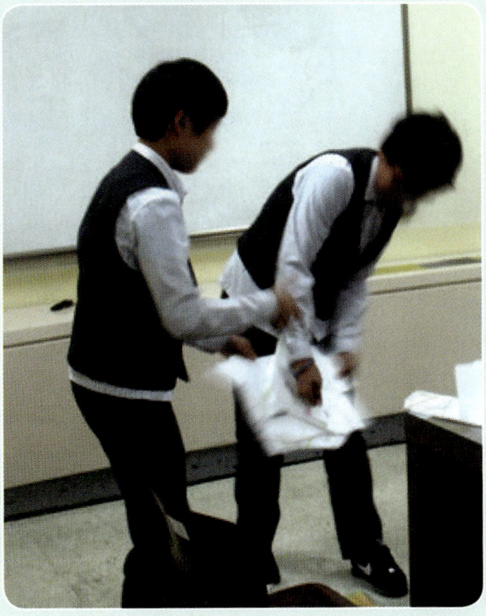

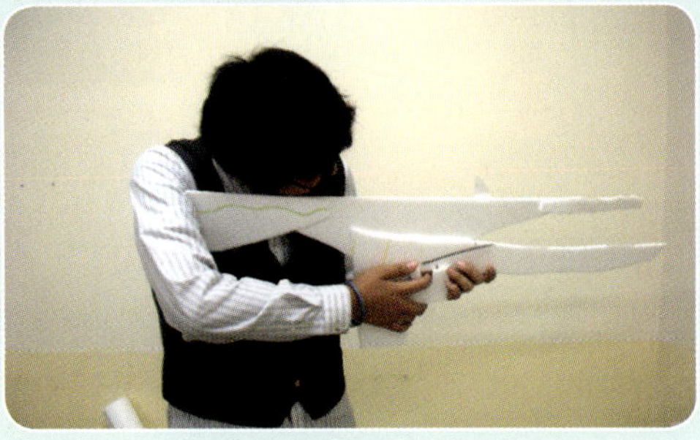

· 12

미이라 만들기 <휴지 활동>

주제	**'미이라 만들기'**는 롤 휴지를 이용하여 신체를 감는 활동으로 미라를 만들어 주는 활동으로 자신을 꼼짝 못하게 하거나 아무것도 할 수 없게 만드는 감정이나 사건들을 연상해 보는 작업이다. 또한, 그럴 때 느끼는 감정을 인식해 보고 퍼포먼스를 통해 감정을 표출해 보는 활동이다. 화장지를 찢어보고 날려 보는 과정에서 스트레스를 해소하고 부정적 정서와 문제를 인식하도록 하며 감정의 카타르시스를 경험하도록 돕는다.
목표	**감정인식 및 현재 감정을 인식한다.** • 감정이해 및 감정표현 • 감정발산 및 감정정화
대상	**아동, 청소년**
매체	롤 휴지
진행 과정	❶ 지난 회기에 대한 회고와 한 주 동안의 감정을 나눈 후 오늘의 작업에 대해 소개하고 활동의 목적을 이야기한다. ❷ 자신의 힘으로 해결할 수 없는 일은 무엇인지 떠올려 보고 그 감정들에 대해서 이야기 나누어 본다. ❸ 둘이 짝이 되어 한 사람은 움직이지 않고 다른 사람은 롤 휴지를 온몸에 조심스럽게 감아준다. ❹ 휴지가 감겨진 사람은 아무것도 할 수 없는 상태에서 자신의 기분은 어떠한지 느껴 본다. ❺ 미이라가 된 상태에서 힘을 주어 휴지를 끊어 낸다. ❻ 미이라가 되었을 때 어떤 감정을 느껴졌는지, 그런 느낌이 드는 사건들이 있었는지 살펴보고 그 감정이 현실에서의 감정과 어떻게 연관되는지 이야기한다. ❼ 파트너를 바꿔서 미이라 경험을 해 볼 수 있도록 한다. ❽ 미이라에서 탈출한 후 자유로운 신체놀이의 시간을 가진다. ❾ 퍼포먼스 활동 후 느껴진 감정들을 나눈다.

CHECK 소통하기

■ 활동 전

• 현실에서 자신의 힘으로 아무것도 할 수 없는 일이 있었나요? 그때의 기분은 어땠나요?

- 나를 꼼짝 못하게 만드는 상황이나 사람이 있나요?

■ 활동 후

- 나의 몸이 휴지로 감겨 미이라가 되었을 때 어떤 기분이 들었나요?
- 미이라의 상태에서 힘을 주어 탈출할 때 기분은 어땠나요?
- 미이라가 되어 무력감을 느꼈던 자신에게 해 주고 싶은 말이 있나요?

CHECK 관찰하기

- 미이라에서 탈출하는 과정에서 소극적인가, 적극적인가?
- 자신의 감정을 회피하거나 방어하는가?

★ 응용하기 ★

- 아동인 경우에는 음악과 함께 휴지를 눈처럼 흩날리는 신체놀이로 확장할 수 있다.
- 청소년들은 개별 작업을 통해 자신의 내면과 현재 자신의 감정을 심도있게 다룰 수 있다.

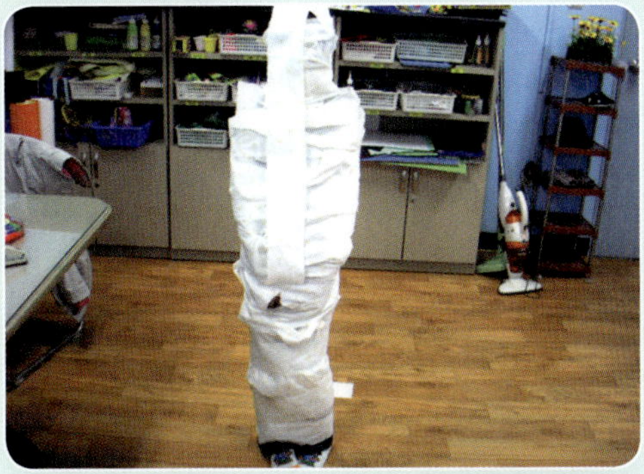
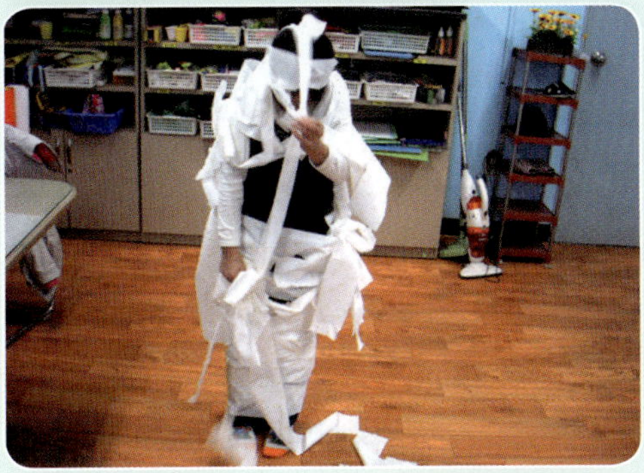

WORK BOOK

▣ 표출·발산 단계에 해당하는 매체를 적용하여 프로그램을 구성해 보세요.

주제	
목표	
대상	
매체	
진행 과정	

CHECK 소통하기

-
-
-
-

CHECK 관찰하기

-
-
-
-

★ 응용하기 ★

-
-

통합 단계

· 01

마음속 향기 <만다라>

주제	**'마음속 향기'**는 주변에서 볼 수 있는 자연물을 이용하여 자신의 내적 사고와 정서를 표출하며 감정의 이완을 돕는 만다라 작업의 일환이다. 특히 자연물을 활용하는 것은 과거의 기억회상을 촉진시키고 오감을 자극하여 깊은 정서적 무의식을 통찰할 수 있게 한다.
목표	**내면세계를 탐구하고 통합한다.** • 중기적용 시: 내면탐색 및 자기이해
대상	**아동, 청소년, 성인, 집단**
매체	원형 우드락, 양면테이프, 가위, 여러 가지 자연물(꽃, 풀, 조개, 돌, 곡물 등)
진행 과정	❶ 지난 회기에 대한 회고와 한 주 동안의 감정을 나눈 후 오늘의 작업에 대해 소개하고 활동의 목적을 이야기한다. ❷ 명상을 통하여 이완 작업을 한다. ❸ 명상 후 앞에 놓여 있는 자연물을 탐색하고 매체와 관련된 기억을 회상한다. ❹ 원형 우드락 안에 자연물을 자유롭게 배치하며 창조적인 표현활동을 한다. ❺ 완성된 작품을 보았을 때 첫인상을 요약하여 제목을 정한다. ❻ 자신의 만다라를 통해 연상되는 단어를 사용하여 몇 개의 문장을 만들어 보고 나눔의 시간을 가진다.

CHECK 소통하기

■ 활동 전

• 앞에 놓여있는 꽃을 만져 보고 비벼 보세요. 향기를 맡아도 좋고 맛을 보아도 좋습니다. 자유롭게 탐색해 보세요.
• 놓여진 재료를 보며 떠오르는 기억이 있나요?

■ 활동 후

• 활동과정 중 감정의 변화가 있었나요?
• 완성된 작품을 보고 어떠한 느낌이 드나요?

CHECK 관찰하기

- 어떤 감각을 사용하여 매체를 탐색하는가?
- 타인의 작품을 보며 어떠한 반응을 보이는가?
- 특별히 선호하거나 거부하는 매체가 있는가?
- 활동 중에 특정 감정을 표출하는가?

★ 응용하기 ★

- 바닥에 큰 원을 그리고 모든 참여자들이 자유롭게 참여하여 정원 꾸미기 활동으로 확장할 수 있다.
- 자연물 외에 식재료 등 다양한 재료를 활용하여 표현할 수 있다.

02

나의 이야기 <책 만들기>

주제	'나의 이야기'는 점성을 가지고 있는 매체를 탐색해 볼 수 있는 기회를 제공하며 심신의 이완을 돕는다. 정서적으로 경직된 참여자들에게 유연한 재료의 사용으로 마음껏 내면을 표현할 수 있도록 하고, 부정적 정서를 표출할 수 있도록 하여 감정의 정화를 가져 오도록 한다.
목표	자아를 성찰하고 통합을 한다. • 중기적용 시: 자기탐색 및 자기인식
대상	아동, 청소년, 성인, 집단
매체	다양한 종이, 도화지, 연필, 색연필, 싸인펜, 여러 가지 끈
진행 과정	❶ 지난 회기에 대한 회고와 한 주 동안의 감정을 나눈 후 오늘의 작업에 대해 소개하고 활동의 목적을 이야기한다. ❷ 눈을 감고 숨소리에 귀를 기울이게 하여 자신에게 집중할 수 있도록 한다. ❸ 자신의 어린 시절과 현재를 떠올릴 수 있도록 안내한다. ❹ 자신의 인생과정에서 있었던 사건과 추억들을 살펴본 후 인상적으로 남는 장면을 자유롭게 표현한다. ❺ 미래에 자신의 희망도 같이 살펴보고 표현한다. ❻ 책 안에 내용들을 채운 후, 겉표지에는 자신의 인생을 나타낼 수 있는 문장으로 제목을 정하고 그 느낌에 대하여 나눔의 시간을 가진다.

CHECK 소통하기

- 어린 시절을 떠올리며 표현하면서 어떤 감정이 들었나요?
- 나의 어린 시절 기억이 현재 나와 어떤 관계가 있을까요?
- 책을 만들면서 생각나는 대상(사람, 동물, 물건 등)이 있었나요?

CHECK 관찰하기

- 과거를 회상하며 특정 감정을 표출하는가? 표출한다면 과거의 어느 시점인가? 사건과 관련된 인물들이 있는가?
- 과거와 현재의 관계에 대해 통찰반응을 보이는가?
- 미래에 대한 참여자의 태도는 어떠한가?

★ 응용하기 ★

- 집단적용 시: 참여자들의 책을 나누어 읽어보고 느낌을 공유할 수 있다.
- 미래에 대한 계획을 세우고 실천할 수 있도록 힘을 주는 마인드 맵을 구성하여 별책부록 같은 활동으로 확장시킬 수 있다.
- 몇 회기에 걸쳐 자신의 인생여정을 회상하며 단계별로 책을 만들어 보는 것도 효과적인 치료개입이 될 수 있다.

03

나의 수호자 <인형 만들기>

주제	**'나의 수호자'**는 다양한 매체를 이용하여 나만을 지켜주는 인형을 만드는 활동으로 과거 아동기 기억과 현재 삶의 관련성을 통찰할 수 있게 하는 매개체의 역할을 한다. 인형을 만들어 봄으로써 내면의 안전 기지 욕구를 탐색하게 하고 자신이 만든 인형을 통해 안정감과 지지 받는 경험의 기회를 가진다. 특히 곁에 두고 보존할 수 있는 전시효과의 특징을 갖고 있어 실생활에서 어려움과 불안이 있는 대상에게 안전 기지의 역할로 효과적이다.
목표	**내적욕구를 탐색하고 안전 기지를 경험한다.** • 과거와 현재 삶의 관계통찰
대상	**아동, 청소년, 성인, 집단**
매체	양말 또는 스타킹 외 헝겊조각, 솜, 가위, 실, 바늘, 꾸미기 재료
진행 과정	❶ 지난 회기에 대한 회고와 한 주 동안의 감정을 나눈 후 오늘의 작업에 대해 소개하고 활동의 목적을 이야기한다. ❷ 어린 시절 자신에게 가장 의미 있었던 인형 또는 장난감을 회상한 후 이야기를 나눈다. ❸ 양말, 스타킹 또는 장갑 등 다양한 매체를 이용하여 자신이 만들 인형을 구상한다. ❹ 인형의 머리가 되는 부분에 솜을 넣고 매듭을 지은 다음 몸통 부분을 만들어 솜을 넣고 매듭을 지어 마무리한다. ❺ 실과 바늘로 머리와 몸통을 하나로 이어 인형의 기본 몸 형태를 만든다. ❻ 다양한 꾸미기 재료를 이용하여 자신이 원하는 인형의 형태로 완성시킨다(예 인형 모자 씌우기, 옷 입히기 등). ❼ 활동 후 자신이 만든 인형을 보고 떠오르는 감정에 대해 나눔의 시간을 가진다.

CHECK 소통하기

■ 활동 전

- 어린 시절 자신에게 의미 있었던 인형 또는 장난감이 있었나요?
- 인형(장난감)과 관련된 떠오르는 기억이 있나요?

■ 활동 후

- 활동하면서 어떤 것들이 떠올랐나요?
- 완성된 인형을 보고 어떤 느낌이 드나요?

- 나의 수호인형에게 어떤 도움을 받고 싶나요?
- 인형에게 이름을 지어봅시다.

CHECK 관찰하기

- 어린 시절을 회상하며 나타내는 반응은 어떠한가? 반응한다면 어느 시점이며 어떤 경험을 하였는가? 사건과 관련된 인물들이 있는가?
- 활동 중에 특정 감정을 표출하는가?
- 인형 만들기를 통해 과거와 현재의 관계에 대해 통찰할 수 있는가?

★ 응용하기 ★

- 인형 몸속에 솜과 함께 자신의 원하는 꿈 또는 미래계획을 적은 메모를 적어 넣어둠으로써 통찰 반응을 촉진시키는 인지행동 활동으로 확장할 수 있다.
- 인형극을 통해 집단놀이로 확장할 수 있다.

04

꿈꾸는 나의 집 <집 만들기>

주제	**'꿈꾸는 나의 집'**은 다양한 매체를 이용하여 자신이 정서적·신체적으로 안정감을 가질 수 있는 희망의 공간을 만드는 활동이다. 자신이 바라는 미래에 대하여 이야기하고 구체화해 보는 과정을 통해 희망을 고취하며 긍정적인 미래를 인식하도록 한다.
목표	**긍정적인 미래 인식 및 희망을 고취한다.** • 중기적용 시: 창작 욕구 충족 및 내적 동기 강화
대상	**아동, 청소년, 성인, 집단**
매체	상자, 우드락, 아크릴 물감, 붓, 풀, 가위 혹은 칼, 꾸미기 재료
진행 과정	❶ 지난 회기에 대한 회고와 한 주 동안의 감정을 나눈 후 오늘의 작업에 대해 소개하고 활동의 목적을 이야기한다. ❷ 자신이 정서적·신체적으로 안정감을 느낄 수 있는 공간을 상상해 본다. ❸ 상상해 본 공간을 담은 꿈꾸는 집을 구상해 본다. ❹ 원하는 크기의 상자를 선택하여 꿈꾸는 집 형태를 만든 뒤 우드락 위에 올린다(상자를 뚫어 문이나 창문을 만들 수 있으며 아동의 경우 치료사의 도움을 받는다). ❺ 집의 외관을 그리기 재료 또는 꾸미기 재료를 이용하여 자유롭게 표현한다. ❻ 완성된 집을 전시하여 둘러본 후 집에 대한 느낌과 미래에 대해 나눔의 시간을 가진다.

CHECK 소통하기

■ 활동 전

- 자신이 안정감을 느끼는 공간을 상상해 보세요. 어떤 공간이 떠오르나요? 그 공간에서 느껴지는 이미지는 어떤가요?
- 그 공간이 있는 꿈꾸는 나의 집을 자유롭게 만들어 보세요.

■ 활동 후

- 이 집의 분위기는 어떤가요?
- 이 집에서 어떤 모습으로 지내고 싶나요?
- 이 집에서 함께 살고 싶은 사람이 있나요?
- 이 집 주변에는 무엇이 있나요?

CHECK 관찰하기

- 집의 크기와 위치는 어떠한가?
- 공간을 떠올리면서 감정의 변화를 보이는가?
- 꿈꾸는 집을 바라보는 시선은 어떠한가?
- 특별히 관심을 갖는 부분이 있는가?

★ 응용하기 ★

- 자신의 희망사항을 포스트잇이나 색종이에 적어 집의 외관을 꾸밀 수 있다.
- 집단적용 시: 각자 완성한 집을 모아서 살고 싶은 마을 꾸미기 활동으로 확장할 수 있다.

·05

특별한 밥상 <음식 만들기>

주제	**'특별한 밥상'**은 여러 가지 점토를 이용하여 자신에게 특별한 대상을 위한 음식을 만드는 활동이다. 음식을 만드는 과정을 통해 타인에 대한 감정을 자연스럽게 인식하고 자기표현을 함으로써 안정된 관계를 촉진시킨다.
목표	타인에 대한 감정을 인식하고 안정된 관계를 촉진한다. • 중기적용 시: 정서 인식 및 표출
대상	아동, 청소년, 성인, 집단
매체	여러 가지 점토(지점토, 클레이 점토, 천사점토, 색점토)
진행 과정	❶ 지난 회기에 대한 회고와 한 주 동안의 감정을 나눈 후 오늘의 작업에 대해 소개하고 활동의 목적을 이야기한다. ❷ 자신이 받은 밥상에 대해 떠올려 보고 그 의미에 대해 생각해 본다. ❸ 고마운 사람, 미안한 사람 등 특별한 대상을 생각해 보는 시간을 가져 본다. ❹ 여러 가지 점토를 탐색한 후 밥상을 차려주고 싶은 대상을 위한 음식을 만들어 본다. ❺ 완성된 음식들로 밥상을 차려 보고 누구를 위한 밥상이며 어떤 감정을 전하고 싶은 지에 대해 나눔의 시간을 가진다.

CHECK 소통하기

■ 활동 전

- 눈을 감고 가장 인상 깊었던 밥상에 대하여 떠올려 보세요.
- 내가 특별한 밥상을 차릴 기회가 생긴다면 누구를 초대하고 싶은가요?

■ 활동 후

- 이 밥상은 누구를 위한 것인가요? 어떤 의미가 담겨 있나요?
- 밥상을 차리는 과정에서 어떤 감정이 들었나요?
- 완성된 밥상을 본 느낌은 어떤가요?

CHECK 관찰하기

- 특별한 대상은 누구인가?
- 특별한 대상에 대한 감정은 어떠한가?
- 활동 중 감정의 변화를 보이는가?
- 어떤 상황을 연출하는가?(제사상, 생일상, 건강식 등)

★ 응용하기 ★

- 집단적용 시: 집단구성원 간 종결 활동으로 적용할 수 있다(파티, 음식 선물 등).
- 자신을 위한 밥상 차리기 활동으로 적용할 수 있다.

06

우리들의 파티 <케이크 만들기>

주제	'우리들의 파티'는 다양한 매체를 이용하여 종결을 위한 케이크를 만들고 참여자들 서로가 축복하고 의미 있는 이별의 시간을 보내는 활동이다. 케이크를 만들며 느낄 수 있는 다양한 감정을 수용하고 긍정적인 헤어짐 경험을 제공함으로써 심리안정과 내적 통합을 돕는다.
목표	긍정적 헤어짐의 경험을 통해 안정적 종결을 한다. • 심리안정 및 내적 통합
대상	아동, 집단
매체	석고가루, 사발면 스티로폼 통, 우드락, 케이크 칼, 나무젓가락, 물감, 종이컵, 꾸미기 재료
진행 과정	❶ 지난 회기에 대한 회고와 한 주 동안의 감정을 나눈 후 오늘의 작업에 대해 소개하고 활동의 목적을 이야기한다. ❷ 헤어짐에 대한 경험을 나누어 보고 지난 회기들을 돌아보며 참여자 간 종결의 의미에 대해 이야기한다. ❸ 우드락 판에 사발면 스티로폼 통을 뒤집어 붙여 준다. ❹ 종이컵에 석고가루를 넣고 물을 부어준 후 마음에 드는 색의 물감을 선택하여 짜 준다. ❺ 석고가루 반죽에 물감이 잘 섞이도록 나무젓가락으로 저어 준다. ❻ 반죽이 바르기 적당한 농도가 되면 사발면 통 겉면에 발라주며 케이크의 형태를 만든다. ❼ 석고 반죽이 굳기 전에 초를 꽂고 자유롭게 꾸며 본다. ❽ 완성된 케이크를 두고 초를 켠 후 노래를 부르며 파티를 한다. ❾ 종결을 맞이하는 느낌에 대해 나눔의 시간을 가진다.

CHECK 소통하기

■ 활동 전

- 오늘이 우리의 마지막 시간입니다. 지금 기분이 어때요?
- 그동안 함께 해온 시간을 기념하는 파티를 하려고 합니다.
  멋진 파티를 위한 케이크를 만들어 봅시다.

■ 활동 후

- 케이크를 만들면서 어떤 기분이 들었나요?
- 자신에게 해 주고 싶은 말이 있나요?
- 친구들에게 어떤 말을 하고 싶나요?

CHECK 관찰하기

- 종결을 어떻게 받아들이는가?
- 종결 회기의 분위기는 어떠한가?
- 케이크에 어떤 의미를 부여하는가?

★ 응용하기 ★

- 생크림과 과자를 이용하여 실제 케이크를 만들어 볼 수 있다.
- 석고가루 외 지점토나 천사점토와 같은 다양한 점토로 적용할 수 있다.

07

꿈 네비게이션 <콜라주 활동>

주제	**'꿈 네비게이션'**은 꼴라주 기법을 이용하여 자신의 현재를 탐색하고 미래를 구체적으로 이미지화 하는 작업이다. 나타난 이미지를 통해 긍정적인 자아상을 확립하고 미래에 대한 희망을 고취하도록 한다.
목표	**긍정적인 자아상 확립 및 희망을 고취한다.** • 자기인식 및 내적 통합
대상	**아동, 청소년, 성인, 집단**
매체	도화지, 여러 가지 잡지책, 가위, 풀, 채색도구
진행 과정	❶ 지난 회기에 대한 회고와 한 주 동안의 감정을 나눈 후 오늘의 작업에 대해 소개하고 활동의 목적을 이야기한다. ❷ 자신의 꿈에 대해 이야기 나눈다(5년 주기로 가까운 미래부터 인식할 수 있도록 한다). ❸ 잡지책에서 자신의 꿈과 연결되는 이미지나 문구를 찾아 오려 둔다. ❹ 오려둔 이미지를 이루고 싶은 순서대로 나열하여 도화지 위에 붙인다. ❺ 잡지책에서 찾지 못한 이미지나 문구는 채색도구를 이용하여 추가로 표현해 본다. ❻ 완성된 작품에 제목을 붙인 뒤 자신의 꿈에 대해 이야기 나눔의 시간을 가진다.

CHECK 소통하기

■ 활동 전

• 자신이 이루고 싶은 꿈은 무엇인가요?
• 변화하고 싶은 모습이 있나요?
• 꿈을 이룬 자신의 모습을 상상해 보세요. 자신이 이루고 싶은 꿈의 이미지를 찾아 꿈을 향한 네비게이션을 만들어 보세요.

■ 활동 후

• 활동하면서 어떤 기분이 들었나요?
• 꿈 네비게이션을 보며 자신에게 어떤 말을 해 주고 싶나요?
• 꿈이 이루어졌다면 나의 하루는 어떨까요?

CHECK 관찰하기

- 원하는 미래상은 어떤 특징을 보이는가?(물질적 욕구 혹은 심리적·신체적·정신적 변화 욕구 등)
- 미래상을 구체화하여 표현하는데 어려움을 보이는가?
- 자신의 작품에 만족감을 느끼는가?

★ 응용하기 ★

- 우드락을 이용하여 입체적인 활동으로 진행할 수 있다.
- 인생그래프와 접목하여 활동할 수 있다.
- 꿈과 관련된 자료를 직접 준비하여 좀 더 구체적인 작업을 할 수 있다.

08

심장이 바운스 바운스 <선물 만들기 1>

주제	**'심장이 바운스 바운스'**는 하트볼과 선물상자를 이용하여 자신에게 선물을 함으로써 프로그램을 통해 변화된 자신의 모습을 확인하고 스스로를 격려하고 지지하는 과정이다. 특히 프로그램의 종결시점에 매우 적합하다.
목표	**자존감을 향상하고 희망을 고취한다.** • 자기격려 및 자기지지 • 자아통합
대상	**아동, 청소년, 성인, 집단**
매체	선물용 상자, 반구 하트볼, 우드락 본드, 스타핑, 유성 매직, 스티커 및 각종 꾸미기 재료
진행 과정	❶ 지난 회기에 대한 회고와 한 주 동안의 감정을 나눈 후 오늘의 작업에 대해 소개하고 활동의 목적을 이야기한다. ❷ 반구 하트볼 두 개를 마주 붙여서 자신의 심장(마음)이라고 생각하고 자유롭게 꾸며 본다. ❸ 자신에게 하고 싶은 격려의 말을 글로 표현해 본다. ❹ 상자 안에 스타핑을 깔고 만들어진 하트볼과 함께 나에게 쓴 편지를 넣고 스스로에게 선물한다. ❺ 작품의 제목을 정하고 선물 받은 심장(마음)의 의미는 어떤지 나눔의 시간을 갖는다.

CHECK 소통하기

■ 활동 전

- 그동안 프로그램에 참여하면서 변화된 나의 마음을 떠올려 보세요.
  나의 마음은 어떤 모습인가요? 그 마음을 자유롭게 꾸며 볼까요?
- 나에게 하고 싶은 말이 있으면 글로 표현해 봅시다.

■ 활동 후

- 자신의 마음이 담긴 선물상자를 보고 어떤 느낌이 드나요?
- 자신에게 어떤 격려의 말을 해 주고 싶은가요?
- 변화된 나의 심장은 마음에 드나요? 특별히 마음에 드는 부분이 있나요?

CHECK 관찰하기

- 새로워진 자신의 마음에 긍정적인 에너지를 부여하는가?
- 작업을 하면서 갈등하거나 주저하는 모습이 있는가?
- 종결을 받아들이는 태도는 어떠한가?

★ 응용하기 ★

- 집단의 친밀도에 따라 참여자 간 서로 상대방에게 필요하다고 생각되는 마음을 꾸미고 타인에게 선물할 수도 있다.
- 편지쓰기는 현재의 나에게, 미래의 나에게, 또는 친구나 가족에게 등 다양하게 주체를 바꾸어 쓸 수 있다.

09

마음 지킴이 <선물 만들기 2>

주제	'마음 지킴이'는 칼라점토를 이용하여 자신에게 힘이 되는 지지적인 존재를 발견하고 만드는 과정이다. 참여자는 마음 지킴이를 통해 세상을 향해 나아갈 수 있는 긍정적 에너지를 얻을 수 있고 이 프로그램은 종결시점에 적합하다.
목표	자존감을 향상하고 희망을 발견한다. • 자아수용 및 통합
대상	아동, 청소년, 성인, 집단
매체	칼라점토, 화과자 투명케이스
진행 과정	❶ 지난 회기에 대한 회고와 한 주 동안의 감정을 나눈 후 오늘의 작업에 대해 소개하고 활동의 목적을 이야기한다. ❷ 자신에게 필요한 능력은 무엇이며 그 능력을 발휘하도록 힘을 줄 수 있는 것들은 어떤 것이 있는지 생각해 본다. ❸ 자신의 능력을 발휘할 수 있도록 지지하고 격려하는 존재가 있다면 어떤 모습일지 상상해 본다. ❹ 칼라점토로 자신의 마음 지킴이를 만들고 상자 안에 넣어 본다. ❺ 마음 지킴이에게 애칭을 정해 주고 어떤 의미가 있는지 나눔의 시간을 가진다.

CHECK 소통하기

■ 활동 전

- 나의 능력을 발휘하도록 도움을 주는 존재가 있나요? 있다면 어떤 모습일까요?
- 그 모습을 상상하여 만들어 보세요.

■ 활동 후

- 나의 마음 지킴이에게는 어떤 힘이 있나요?
- 나의 마음 지킴이는 어떤 상황에서 나에게 힘을 줄 수 있을까요?
- 마음 지킴이를 만든 후 어떤 기분이 드나요?
- 마음 지킴이를 어디에 두고 간직하고 싶은가요?

CHECK 관찰하기

- 마음 지킴이에게 어떤 에너지를 부여하는가?
- 작업을 통해 나타나는 반응은 어떠한가?

★ 응용하기 ★

- 집단 안에서 만들어진 마음 지킴이를 함께 공유하고 에너지와 격려의 말을 나누는 활동으로 확장할 수 있다.
- 집단에서 다른 구성원에게 필요하다고 느끼는 마음 지킴이를 만들어서 선물하는 활동으로 확장할 수 있다.

· 10

세상에서 가장 아름다운 상 <상장 만들기>

주제	**'세상에서 가장 아름다운 상'** 활동은 자신의 모습을 돌아보고 칭찬하며 지지하는 과정으로 자신에게 주는 상장을 만들어 수여하는 퍼포먼스를 통해 긍정적 자아감을 높일 수 있다.
목표	**긍정적 자아개념을 확립한다.** • 자존감 향상 및 통합
대상	**아동, 청소년, 집단**
매체	상장 용지 또는 도화지, 채색도구, 풀, 꾸미기 재료
진행 과정	❶ 지난 회기에 대한 회고와 한 주 동안의 감정을 나눈 후 오늘의 작업에 대해 소개하고 활동의 목적을 이야기한다. ❷ 상에 대한 개인적 경험에 대해 이야기를 나눈다. ❸ 참여자들은 그동안의 집단 프로그램을 통해 스스로 어떤 성장을 했는지 찾아보고 서로의 긍정적인 변화에 대해서 이야기한다. ❹ 긍정적인 변화를 통해 자신에게 상을 수여한다면 받고 싶은 상의 이름을 정하고 상장의 문구를 쓰고 꾸미도록 한다. ❺ 자신에게 상장을 수여하고 모두 함께 축하해 준다. ❻ 작업 과정을 통해 느낀 점은 무엇인지 서로 나눔의 시간을 가진다.

CHECK 소통하기

■ 활동 전

- 과거에 상을 받은 경험이 있나요? 있다면 그때의 느낌은 어떠했나요?
- 앞으로 상을 받게 된다면 어떤 상을 받고 싶나요?
- 상이 나에게 주는 의미는 무엇인가요?
- 프로그램을 통해 변화된 나의 모습은 무엇인가요?
- 다른 참여자들이 나에 대한 장점을 말할 때 어떤 느낌이 들었나요?

■ 활동 후

- 상장을 받은 느낌은 어떠한가요?
- 지금 이 순간 누가 가장 생각나나요?
- 마음 지킴이를 어디에 두고 간직하고 싶은가요?

CHECK 관찰하기

- 자신의 장점을 잘 찾아서 이야기하는가? 장점을 찾지 못하는가?
- 타인의 장점을 잘 찾아 주며 긍정적 반응을 하는가?
- 타인의 장점 찾기를 통해서 보여지는 참여자들의 관계는 어떠한가?
- 참여자 중 특정한 사람을 공격하거나 장점을 찾아 주지 못하는 경우가 있는가?
- 종결에 대해 어떻게 반응하는가?

★ 응용하기 ★

- 집단 참여자 서로가 상대방에게 주고 싶은 상장을 만들어 수여하는 활동으로 확장할 수 있다.
- 상장용지 이외에 다양한 재료를 응용하여 상패, 트로피 등을 만들 수 있다.

11

소망 열매 <나무 만들기>

주제	**'소망 열매'**는 다양한 매체를 이용하여 자신이 소망하는 것을 열매로 표현하고 나무를 꾸미는 활동이다. 자신의 미래에 대한 희망을 열매에 담는 것으로 자신의 긍정성을 확장해 주고 통합하는 기회를 제공한다.
목표	자신감을 형성하고 긍정적인 미래상을 제시한다. • 자존감 향상 및 희망고취
대상	아동, 청소년, 성인, 집단
매체	나무틀, 다양한 채색도구
진행 과정	❶ 지난 회기에 대한 회고와 한 주 동안의 감정을 나눈 후 오늘의 작업에 대해 소개하고 활동의 목적을 이야기한다. ❷ 자신의 소망을 탐색해 보고 소망의 열매가 열린 나무를 상상해 본다. ❸ 다양한 매체를 활용하여 소망나무를 자유롭게 꾸며 본다. ❹ 자신만의 열매를 만들고 그 열매에 자신의 소망들을 적어 본다. ❺ 소망을 적은 열매를 빵끈이나 리본을 사용하여 나무에 달아 준다. ❻ 완성된 소망나무를 보고 이름을 정한 뒤 나눔의 시간을 가진다.

CHECK 소통하기

■ 활동 전

- 나의 소망은 무엇인지 떠올려 보세요.
- 나의 소망들을 열매로 표현해 보세요.
- 소망열매가 열리는 나무는 어떤 모습을 하고 있나요?

■ 활동 후

- 활동하면서 무엇이 느껴졌나요?
- 완성된 소망나무를 바라보면 어떤 느낌이 드나요?
- 내가 원하는 소망을 이루기 위해 어떻게 해야 할까요?
- 소망이 모두 이루어진다면 나는 어떤 모습일까요?

CHECK 관찰하기

- 자신의 소망나무를 어떻게 받아들이는가?
- 참여자가 소망하는 것은 어떤 패턴을 보이는가?(정서적, 물질적, 관계 지향적 등)
- 활동에 참여하는 태도는 어떠한가?

★ 응용하기 ★

- 개별 작업을 끝낸 후 큰 종이 위에 나무를 놓고 배경을 꾸며서 숲을 만드는 집단활동으로 확장할 수 있다. 특히 이 확장활동은 나무의 위치에 따라 상호관계 패턴을 파악할 수 있는 장점이 있다.

12

마음 흔적 <석고 본뜨기>

주제	'마음 흔적'은 자신을 표현하는 손 모양이나 의미 있는 상징물을 본뜨는 활동이다. 이 과정을 통해 자신을 이해하고 수용하여 내적 자원을 강화하는 기회를 가진다.
목표	자신에 대한 통합적 인식을 한다. • 자기수용 및 내적 자원 강화 • 창작의 욕구충족
대상	아동, 청소년, 성인, 집단
매체	점토, 석고가루, 가루를 탈 수 있는 작은 용기, 물, 나무젓가락, 마분지, 가위, 물감, 다양한 상징물
진행 과정	❶ 지난 회기에 대한 회고와 한 주 동안의 감정을 나눈 후 오늘의 작업에 대해 소개하고 활동의 목적을 이야기한다. ❷ 점토를 원이나 네모모양으로 평평하게 만든다. ❸ 자신이 표현하고자 하는 손 모양이나 상징물(자신에게 의미 있는 물건이나 글귀)을 생각해 보도록 한다. ❹ 점토 위에 손이나 상징물을 올려놓은 뒤 자국이 남을 정도로 눌러 점토틀을 만들어 준다. ❺ 자국이 남은 점토 틀에 석고가 흐르지 않게 점토나 마분지로 테두리를 만들어 준다. ❻ 석고가루를 용기에 담은 뒤 물을 넣고 적정한 농도가 되도록 저어 준다. ❼ 자신이 원하는 색의 물감을 석고가 굳기 전에 함께 섞은 뒤 점토틀 위에 부어 준다. ❽ 석고가 굳으면 테두리를 떼어낸 뒤 석고를 분리한다. ❾ 완성된 작품에 제목을 달아주고 흔적의 의미를 나누는 시간을 가진다.

CHECK 소통하기

■ 활동 전

- 손으로 나를 표현해 보세요. 어떤 모양일까요?
- 나에게 의미 있는 소지품이나 상징물(준비된 상징물 제시)은 어떤 것인가요?
- 그 상징물의 의미에 대해 이야기를 나눠 봅시다.

■ 활동 후

- 내가 남긴 흔적을 보고 어떤 느낌이 드나요?
- 이 작품을 보여주고 싶은 사람이 있나요?
- 그 사람은 나에게 어떤 의미가 있나요?

CHECK 관찰하기

- 상징물과 자신과의 관계에 대해 통찰반응을 보이는가?
- 활동에 대한 참여자의 태도는 어떠한가?
- 작업의 과정 중 참여자가 불편해 하는 부분이 있는가?
- 매체 사용에 대한 조절력이 있는가?

★ 응용하기 ★

- 자신에게 의미 있는 사람에게 마음을 담아 선물하는 것으로 연결해도 자신의 내면과 자기표현이 잘 드러날 수 있는 작업이 될 수 있다.

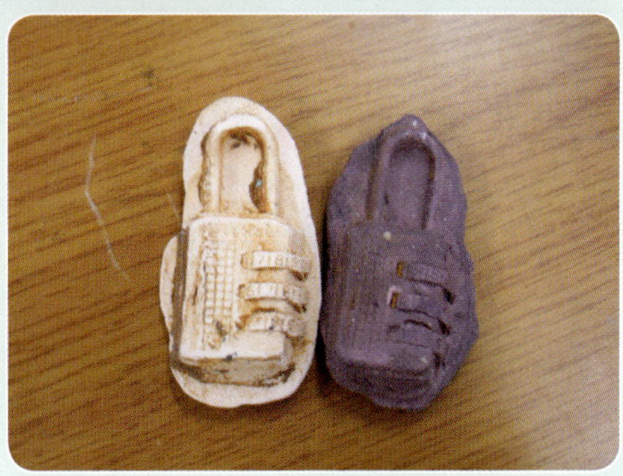

13

추억여행 <한복 만들기>

주제	**'추억여행'**은 전통의 느낌을 주는 한지를 이용하여 어린 시절이나 젊은 시절 내가 입고 싶은 한복을 이야기하고 자신에게 선물로 만들어 주는 미술활동이다. 자신들의 장기기억을 꺼내며 긍정적인 부분과 힘들었던 부분들의 경험을 토대로 선물 받고 싶은 아름다운 한복을 만들어 주며 자신감을 갖게 되고, 또한 그 감정에 격려와 지지를 해 주는 과정이다.
목표	**회상을 통한 상호소통과 대인관계를 증진한다.** • 성취감과 만족감 • 정서적 안정감 • 자기격려 및 자기지지 • 자아통합
대상	**성인, 노인, 집단**
매체	마분지, 한지, 한지 색종이, 풀, 실, 바늘
진행 과정	❶ 지난 회기에 대한 회고와 한 주 동안의 감정을 나눈 후 오늘의 작업에 대해 소개하고 활동의 목적을 이야기한다. ❷ 한복에 대한 추억들에 대한 이야기를 나누어 본다. ❸ 추억의 한복이나 입고 싶은 한복에 대한 이야기를 한다. ❹ 마분지를 저고리 모양으로 오려 틀을 만들어 준다. ❺ 마분지 틀에 자신들이 마음에 드는 한지를 골라 꾸며 준다. ❻ 지난 시간에 그린 고향집 그림을 펴치고 상단을 실로 감칠질한 후 당겨주어 한복의 치마를 만들어 준다. ❼ 저고리와 치마를 양면테이프를 활용하여 붙여서 한복을 완성해 준다.

CHECK 소통하기

■ 활동 전

- 한복에 대한 추억을 떠올려 보세요.
- 내가 입고 싶은 한복은 있었는지 생각해 보세요.

■ 활동 후

- 완성된 한복을 보고 무엇이 떠오르나요?

- 이 한복을 나 말고 선물하고 싶은 사람이 있다면 누구일까요?
- 현재 내가 한복을 입는다면 언제 입어보고 싶을까요?

CHECK 관찰하기

- 자신이 만든 한복을 만족해 하는가?
- 한지 선택에서 스스로 하는가? 아님 다른 사람들 것을 모델링하는가?
- 장기기억을 잘 하고 있는가?

★ 응용하기 ★

- 남녀 한복을 만들어 결혼에 대한 이야기를 나누어 볼 수도 있다.
- 한복을 만들어 상자에 담아 준 뒤, 구성원에게 서로 선물을 해 주고 거기에 의미부여를 해 주는 시간을 가져 볼 수도 있다.

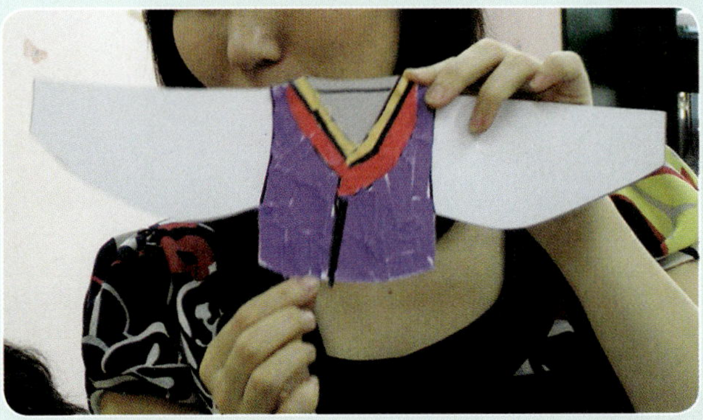

14

멋진 나의 손 <석고 손뜨기>

주제	**'멋진 나의 손'** 활동은 석고붕대를 이용하여 자신의 손을 본뜨는 작업이다. 자신의 신체 일부를 본뜨고 객관적으로 바라보는 과정을 통해 긍정적 자기애를 갖게 되며 긍정적 자아상을 발견하고 자존감을 향상시킬 수 있도록 돕는다.
목표	**긍정적 자기인식과 자존감을 향상시킨다.** • 긍정적 자아상 발견 및 희망의 고취
대상	아동, 청소년, 성인, 집단
매체	도화지, 싸인펜, 석고붕대, 핸드크림, 가위, 물감, 붓 등 자신이 원하는 채색도구
진행 과정	❶ 지난 회기에 대한 회고와 한 주 동안의 감정을 나눈 후 오늘의 작업에 대해 소개하고 활동의 목적을 이야기한다. ❷ 손의 역할을 탐색해 보고 손이 자신에게 어떠한 일을 해 주는지 생각해 본다. ❸ 자신에게 필요한 손의 형상, 긍정적인 에너지를 전달해 주는 손의 형상 혹은 변하고 싶은 손의 형상 등을 떠올려 본다. ❹ 만들고 싶은 손의 형상이 정해지면 2인 1조로 짝을 정한다. ❺ 석고붕대를 잘라 두고 따뜻한 물을 준비한다. ❻ 먼저 손뜨기를 할 사람의 손등에 짝이 핸드크림을 발라 준다. ❼ 핸드크림을 발라 주었던 짝은 석고붕대를 따뜻한 물에 살짝 담궜다가 빼내어 짝의 손에 올리고 골고루 문질러 준다. ❽ 손의 모양이 잘 나타날 수 있도록 세심하게 짝의 손에 석고 붕대로 발라주고 이러한 과정을 반복하여 3겹 정도의 두께가 되도록 한다. ❾ 석고가 딱딱하게 굳으면 조심스럽게 탈형한다. ❿ 완성된 석고 손에 자유롭게 색을 칠하거나 꾸미기를 한다. ⓫ 자신의 작품에 제목을 붙이고 손의 형상에 부여한 의미와 작업 과정에서 느낀 점에 대해 나눔의 과정을 갖는다.

CHECK 소통하기

■ 활동 전

• 나의 손을 보고 나의 손이 가장 많이 하는 일을 생각해 보세요.

- 나의 미래에 손은 무엇을 하고 있으면 좋을까요?
- 나에게 힘을 주는 손을 표현해 보세요. 어떤 모양일까요?

■ 활동 후

- 완성된 나의 손을 보고 어떤 생각이 드나요?
- 나의 작품을 보고 마음속에서 일어나는 감정은 어떠한가요?
- 나의 작품에 추가해 주고 싶은 것이 있다면 무엇이 있나요?
- 작품에 제목을 붙여 보세요. 내 작품에 어떤 의미를 담았나요?
- 오늘의 나의 감정은 어떠한가요?

CHECK 관찰하기

- 손에 석고나 물이 묻는 것에 예민함을 보이는가?
- 짝과의 작업에서 불편함을 보이는가? 어떠한 관계 패턴을 보이는가?
- 손 모양에 부여한 자신의 욕구가 긍정적인가, 부정적인가?

★ 응용하기 ★

- 손 이외에도 치료 상황에 따라 발, 얼굴 등 다양한 신체부위에 작업할 수 있다.
- 다양한 대상(모자, 부자, 가족, 커플 등)에게 적용하여 돌봄의 경험을 제공할 수 있다.
- 신체뿐만 아니라 의미 있는 다양한 사물에 석고붕대 작업을 시도할 수 있다.
- 석고본 안에 작은 램프를 설치하여 빛이 투과되는 효과를 볼 수 있다.

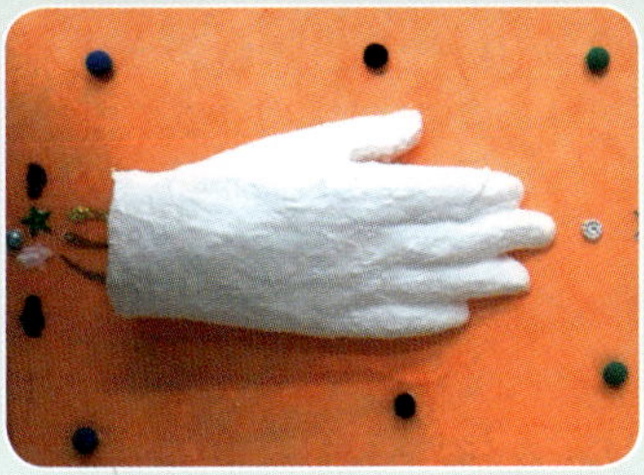

· 15

우리들의 섬 <점토로 섬 만들기>

주제	'우리들의 섬'은 점토와 자연물을 이용하여 새롭고 희망적인 환경을 상상하고 만드는 과정이다. 참여자는 미래의 긍정적 환경에 대해 생각하고 의미를 부여하며 에너지를 얻고 희망을 고취시킬 수 있다.
목표	**긍정적 미래상 발견과 희망 고취** • 자기격려 및 지지 • 성취감과 만족감 획득
대상	**아동, 청소년, 성인, 집단**
매체	점토, 자연물, 필요시 전지와 그리기 도구
진행 과정	❶ 지난 회기에 대한 회고와 한 주 동안의 감정을 나눈 후 오늘의 작업에 대해 소개하고 활동의 목적을 이야기한다. ❷ 소그룹 집단(4~6명)이 한 조가 되어 조원들이 함께 무인도에 도착했다면 무인도를 어떻게 건설하고 싶은지 의논하도록 한다. ❸ 조원들은 서로 협력하여 점토로 무인도에 필요한 것들을 만든다. ❹ 자연물로 무인도를 꾸미거나 크레파스를 사용하여 필요한 것을 그림으로 추가하여 자유롭게 표현한다. ❺ 작업이 완성되면 제목을 붙이고 작업을 하면서 느낀 감정을 이야기한다. ❻ 다른 소그룹의 작품을 함께 둘러보고 각각의 무인도에 대한 느낌을 나눈다.

CHECK 소통하기

■ 활동 전

- 무인도를 발견했다고 상상해 보세요. 무인도는 어떤 모습일까요?
- 우리들의 무인도를 건설하려면 무엇이 필요할까요?
- 다양한 자연물을 함께 이용하여 우리들만의 무인도를 건설해 보세요.

■ 활동 후

- 우리의 무인도는 어떤 모습으로 만들어 졌나요?
- 함께 협업하면서 어려운 부분이 있었나요?

- 우리들이 건설한 무인도에서는 무엇을 할 수 있나요?
- 우리들의 무인도는 앞으로 어떻게 발전해 갈까요?
- 오늘 작업을 한 나의 감정은 어떠한가요?

CHECK 관찰하기

- 활동할 때 소그룹 안에서의 개인 및 집단행동과 반응은 어떠한가?
- 자신의 의견을 어떻게 나누며 상호 작용을 하는가?
- 무인도 건설에 어떠한 내용과 의미를 부여하는가?
- 화합과 통합의 모습을 보이는가?

★ 응용하기 ★

- 전지 우드락, 색종이, 풀, 가위, 각종 꾸미기 재료 등 다양한 매체를 사용하여 섬을 만들 수 있다.
- 한 개의 작업용 책상을 조별로 주어진 하나의 무인도로 생각하고 책상 위에 직접 작업할 수 있다.
- 4절 도화지 위에 자신의 무인도를 꾸미도록 하여 개인 작업으로 응용할 수 있다.

WORK BOOK

■ 통합 단계에 해당하는 매체를 적용하여 프로그램을 구성해 보세요.

주제	
목표	
대상	
매체	
진행 과정	

CHECK 소통하기

•
•
•
•

CHECK 관찰하기

•
•
•
•

★ 응용하기 ★

•
•

1. 아동 집단 프로그램
2. 청소년 집단 프로그램
3. 성인 집단 프로그램
4. 노인 집단 프로그램
5. 모자 치료 프로그램
6. 가족 치료 프로그램

5th

두드림

집단미술치료 프로그램 계획서 및 회기 보고서

아동 집단 프로그램

01

1 우리 함께 하하 호호(사회성 향상 프로그램)

집단프로그램 계획서

1. 프로그램 명칭

우리 함께 하하 호호

2. 프로그램 목적 및 목표

1) 프로그램의 목적

본 프로그램은 초등학교 저학년 아동을 대상으로 긍정적 자아개념을 향상시켜 자존감을 높이며, 타인과의 관계를 형성하는 기회를 제공하고자 한다. 또한, 사회적 기술 향상 및 상호 작용 증진에 도움을 주고자 한다. 따라서 본 프로그램을 통해 아동들이 학교와 사회에서의 적응력을 높여 건강한 나로 살아갈 수 있도록 돕는 것을 목적으로 한다.

2) 프로그램의 목표

- 긍정적 자기인식을 한다.
- 자신감, 성취감을 갖는다.
- 관계 경험을 통해 사회성 향상을 돕는다.
- 부정적 감정의 순화를 통한 심리적 안정을 갖는다.

3. 프로그램 대상 및 일정

① 대상: 초등학교 저학년

② 참가인원: 7명

③ 기간: 20**년 *월 *일 ~ 20**년 *월 *일(주 1회 50분씩, 총 10회기)

④ 장소: ㅇㅇ집단상담실

4. 프로그램

단계	목표	회기	주제	과정 및 기대효과	준비물
			활동내용		활동작품 예시
사전계획	• 치료안내와 연구 • 대상자 파악 및 신뢰감 형성	기관면담	기관조사 관계자 면담	• 기관과 구성원의 욕구분석	
초기	• 친밀감 형성 • 흥미유발 • 자기인식 • 심리적 이완	1	나는 누구일까요?(잡지 콜라주)	• 집단 목표설정 • 라포형성을 위한 신체활동 • 예술적 접근을 통한 흥미 유발 • 자기소개	스티커, 채색도구, 풀, 도화지, 잡지 그림.
			활동 내용 자신이 불리고 싶은 애칭을 정하고 자신의 애칭에서 연상되는 것을 잡지 그림에서 찾아 붙이고 자신을 소개한다.		
		2	나의 자랑거리(나의 장점 찾기)	• 자신감 향상 • 흥미유발 • 자신의 장점 소개 및 발표	싸인펜, 색연필, 다양한 모양의 스티커, A4용지, 인체모형 그림, 색종이, 풀, 가위
			활동 내용 자신의 장점을 찾아 써보고 인체모형을 꾸민 후 자신의 자랑거리를 구성원에게 소개한다.		

단계	목표	회기	주제	과정 및 기대효과	준비물
			활동내용		활동작품 예시
중기	• 자기표현 • 문제인식과 극복	3	습자지로 놀아요(습자지 감정표현)	• 감정표현 및 분출 • 자신의 감정과 느낌을 객관적으로 인식	색습자지, 전지, 풀, 도화지
			활동 내용 자신에게 드는 부정적 감정에 대해 이야기하고 습자지를 찢거나 구겨 보며 부정적 감정을 표출한다. 찢거나 구겨진 습자지를 모아 공으로 만든 후 구성원이 함께 공을 던지고 받는 놀이를 통해 부정적 감정을 해소하고 부정적 감정의 처리방법에 대해 이야기한다. 놀이가 끝난 후 습자지를 도화지에 붙이고 작업에 담긴 의미를 이야기한다.		
		※ 4	마음을 담아주는 그릇(점토로 만들기)	• 부정적 감정과 직면하기 • 스트레스 해소 • 자기인식 • 감정 정화	점토, 점토용 도구, 색접시, 각종 꾸미기 재료, 오공 본드
			활동 내용 마음껏 점토를 주무르고 던지는 놀이를 통해 감정 발산과 표출을 한 후 자신의 감정을 담아주는 그릇을 만들어 본다.		
		5	변화되고 싶은 나(가면 만들기)	• 자기지각을 통한 자아성장 및 자기표현력 증진 • 긍정적 자아상 발견 • 자신의 가능성 발견	가면, 가위, 유성매직, 오공 본드, 꾸미기 재료
			활동 내용 나에게 필요한 힘은 어떤 것인지 이야기한 후 가면에 자신이 원하는 힘을 가진 가면의 모습을 꾸민다. 완성된 가면을 쓰면 자신의 모습이 어떻게 변화되는지 이야기를 나눈다. 구성원이 만든 가면을 함께 모아 놓고 서로의 모습에 대해 칭찬과 응원의 말을 해 준다.		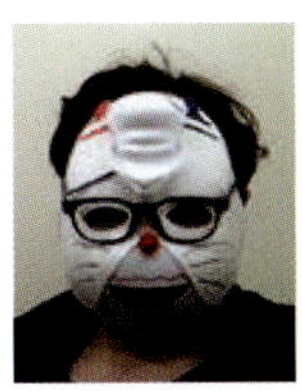

단계	목표	회기	주제	과정 및 기대효과	준비물
			활동내용		활동작품 예시
후기	• 긍정적 자아감 향상 • 상호 작용 증진 • 지지적인 관계 경험	6	둘이 하나 (짝꿍과 함께 릴레이 만화)	• 문제 해결 과정 탐색 • 긍정적 자아감 형성 • 자신감 향상 • 지지적 관계 형성(소그룹)	4절 도화지, 색연필, 연필, 지우개, 싸인펜 등 그리기 재료, 스티커
			활동 내용 길게 붙인 도화지에 10칸을 만들고 짝꿍과 번갈아 만화를 그리며 이야기를 구성한다. 팀별로 만화 이야기를 발표한 후 다른 팀의 이야기와 연결되는 부분을 찾아 다양한 이야기를 만들어 본다.		
		7	마법의 약 (약 만들기와 퍼포먼스)	• 문제 해결 과정 탐색 • 긍정적 자아감 형성 • 자신감 향상 • 지지적 관계 형성(그룹 전체)	약 봉투, 새알 초콜릿, 싸인펜, 크레파스, 전지
			활동 내용 내가 의사가 된다면 어떤 마법의 약을 만들고 싶은지 이야기한 후 약봉투에 약의 효능을 적고 약을 처방한다. 전지에 각자의 병원(집)을 그리고 길을 만들고 자신의 약을 주고 싶은 친구에게 배달하는 퍼포먼스를 진행한다.		
		8	꿈이 이루어지는 방 (방꾸미기와 초대)	• 문제 해결 과정 탐색 • 긍정적 자아감 형성 • 자신감 향상 • 욕구 충족	그리기 재료, 꾸미기 재료, 스타핑, 스티커, 상자, 가위, 풀, 색종이
			활동 내용 상자에 자신의 꿈이 이루어지는 나만의 방을 꾸며 본다. 자신의 모습을 도화지로 만든 후 주인이 되어 구성원을 초대하고 각자의 방을 소개하는 역할놀이를 한다.		

<table>
<tr><th rowspan="2">단계</th><th rowspan="2">목표</th><th rowspan="2">회기</th><th>주제</th><th>과정 및 기대효과</th><th>준비물</th></tr>
<tr><th colspan="2">활동내용</th><th>활동작품 예시</th></tr>
<tr><td rowspan="4">종결</td><td rowspan="4">• 지지적인 관계 경험
• 희망의 발견
• 미래로 나아가기</td><td rowspan="2">9</td><td>우리들의 섬
(점토작업)</td><td>• 긍정적 자아상 확립
• 정체성 확립
• 미래상 확립</td><td>우드락 전지,
유성매직, 점토,
크레파스,
자연물,
꾸미기 재료</td></tr>
<tr><td colspan="2">활동 내용 3~4명이 그룹을 만들고 전지 우드락 위에 우리가 실고 싶은 섬을 상상한 후 점토로 섬을 만들고 자연물을 이용하여 꾸미기를 한다. 함께 만든 섬은 어떤 세상인지 이야기한다.</td><td></td></tr>
<tr><td rowspan="2">10</td><td>나의 미래
(자서전
만들기)</td><td>• 긍정적 자아상 확립
• 희망의 발견
• 미래상 확립</td><td>폴라로이드
카메라, 도화지,
싸인펜, 색연필</td></tr>
<tr><td colspan="2">활동 내용 도화지로 책 형태를 만들고, 표지에는 치료사가 찍어준 폴라로이드 사진을 붙여 꾸민다. 각자가 자신의 미래에 대해 생각해 보고 꿈이나 희망을 이야기한 후 자신의 꿈에 대해 그림을 그리고 글로 쓰며 자서전을 만든다.</td><td></td></tr>
</table>

※ 4회기 프로그램 회기 보고서를 예로 제시

프로그램 회기 보고서

<table>
<tr><td>프로그램명</td><td colspan="3">우리 함께 하하 호호(사회성 향상 프로그램)</td></tr>
<tr><td>일 시</td><td>20**년 *월 *일 (화) / 11:30 ~ 12:20</td><td>장 소</td><td>OO집단상담실</td></tr>
<tr><td>회 기</td><td>4회기</td><td>치료 단계</td><td>발산·표출단계</td></tr>
<tr><td>참 여 자</td><td>이**, 임**, 손**, 박**, 주**, 빈**(6명)</td><td>결 석 자</td><td>조**</td></tr>
<tr><td>회기주제</td><td colspan="3">마음을 담아주는 그릇(점토놀이)</td></tr>
<tr><td>목 표</td><td colspan="3">• 자기탐색 및 표출
• 부정적 감정과 직면하기
• 감정의 발산 및 정화
• 고통을 극복할 수 있는 힘 인식</td></tr>
<tr><td>준 비 물</td><td colspan="3">점토(데코레이션 찰흙), 점토용 도구, 색접시, 각종 꾸미기 재료, 오공 본드</td></tr>
<tr><td colspan="4">진 행 과 정</td></tr>
<tr><td>준비 과정</td><td colspan="3">프로그램 진행 전 아이들의 행동을 살피고 욕구를 파악한다.</td></tr>
<tr><td>활동내용</td><td colspan="3">1. 지난 회기에 대한 회고와 한 주 동안의 감정을 나눈 후 오늘의 작업에 대해 소개하고 활동의 목적을 이야기한다.
2. 점토를 탐색한 후 촉감과 떠오르는 이미지에 대해 서로 이야기한다.
3. 점토를 두드리기, 자르기, 던지기, 뭉치기 등의 다양한 활동을 통해 감정을 마음껏 표출한다.
4. 흩어진 점토를 하나로 뭉쳐서 구(球)를 만들고 한동안 조용히 바라본 후 떠오르는 이미지를 손으로 빚어서 자신의 감정을 담을 수 있는 그릇을 만든다.
5. 만들어진 그릇을 자신이 선택한 종이접시에 올려 두고 꾸미기를 한다.
6. 자신의 그릇에 담긴 것에 대해 이야기 나눈다.
7. 다른 참여자들의 작품을 보고 서로의 느낌을 나눈다.</td></tr>
</table>

관찰 및 평가		
이름	작품 / 작품제목	작업 과정
이**	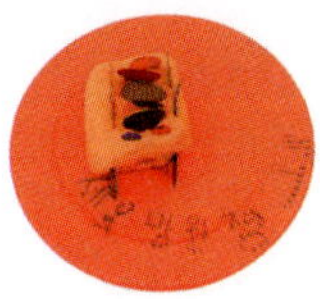 망원경처럼 생긴 그릇	관찰 점토를 사각 덩어리로 뭉쳐서 한동안 던지며 가지고 놀다가 원형의 스팽클을 꽂고 손가락으로 구멍을 뚫으며 망원경 그릇이라고 함. 망원경 그릇으로 다른 사람의 마음을 보고 싶다고 하였고, 작업한 느낌은 좋다고 함. 평가 학교에서 친구들과 어울리지 못하고 혼자 노는 시간이 많았던 아동은 망원경을 통해 타인의 마음을 알고 싶은 욕구, 함께 어울리고 싶은 욕구를 드러낸 것으로 보임.
손**	 잠수함	관찰 보라색 접시에 작품을 놓았고 빨대를 잘라 잠수함의 프로펠라를 만들었으며 여러 가지 색의 빵끈으로 꽃모양을 만들어 내부를 장식함. 자신의 그릇이 잠수함처럼 생겼다고 하며 편안한 마음을 담고 싶다고 하자 박**과 빈**이 잘 한 것 같다고 피드백을 함. 평가 아동은 가정 내 엄마의 부재로 인해 충족되지 못한 모성에 대한 애정 욕구를 드러내고 있는 것으로 보임.
임**	 모양 접시	관찰 점토를 만지고 노는 것을 즐겼으며 동그라미, 나뭇잎, 하트, 꽃모양의 다양한 스팽클로 그릇의 안쪽을 화려하게 장식함. 좋은 마음을 그릇에 담고 싶고 작업한 느낌은 좋았다고 함. 평가 아동은 말없이 점토를 오랜 시간 만지며 작업하고 꾸미는 과정을 통해 내면의 긍정적 정서를 발견하며 편안하고 안정된 정서를 획득한 것으로 보임.
박**	 두 얼굴	관찰 그릇의 양쪽 면에 스팽클을 이용하여 화난 표정과 기쁜 표정을 만들고 노란색 접시에 올려 놓음. 자신의 그릇에는 기쁘고 행복한 마음과 화난 마음 모두를 담고 싶다고 하였으며 빈**은 '너무 멋있다'고 피드백을 함. 평가 아동은 또래와의 관계에서 친근함의 표시를 과장된 행동으로 부적절하게 표현하여 잦은 갈등을 빚는 미성숙한 태도를 보이고 있음. 이러한 갈등의 문제를 '두 얼굴'이라고 표현하며 자신의 문제를 인식하는 것으로 보임.

<table>
<tr>
<td>주**</td>
<td>
하트바이킹</td>
<td>관찰 하트모양의 그릇을 만들어서 스팽클을 꽂고 모루철사를 둘러 장식하고 막대바를 이용하여 바이킹의 모습을 완성함. 초록색 바에 '환영합니다'라고 쓰고 분홍색 접시에 작품을 올려 둠. '사람들이 바이킹 타는 좋은 마음'을 담고 싶다고 하였고 구성원은 바이킹을 타는 마음이 '짜릿할 것 같다(이**)', '재미있을 것 같다(손**)', '신나는 마음일 것 같다(임**)'라고 피드백을 함.

평가 아동은 수줍음이 많아서 먼저 친구들에게 다가가는 것을 어려워하였는데 이번 회기 작업을 통해 마음을 먼저 열고 다가가려고 하는 모습이 관찰됨. 또한, 친구들의 피드백을 통해 에너지를 받고 또래관계에서 자신감을 얻는 모습이 보임.</td>
</tr>
<tr>
<td>빈**</td>
<td>
숨겨진 보물</td>
<td>관찰 노란색 접시 위에 자신의 작품을 놓고 점토로 만든 형태에 빨대와 막대바를 꽂고 그릇의 둘레를 모루철사로 묶어 둠. 접시에는 스팽클로 장식을 함. 보물이 숨겨진 좋은 마음을 담고 싶다고 하였으며 작업하는 것이 재미있었다고 함. 박**는 '작품이 신비롭다'고 피드백을 함.

평가 지난 회기 아동을 관찰한 결과 자신감이 떨어지고 타인의 눈치를 보는 등 자존감이 낮은 모습을 보였지만 이번회기를 통해 내면의 힘을 발견하며 성장하는 모습이 두드러짐.</td>
</tr>
<tr>
<td>활동사진</td>
<td colspan="2"> </td>
</tr>
</table>

활동사진	  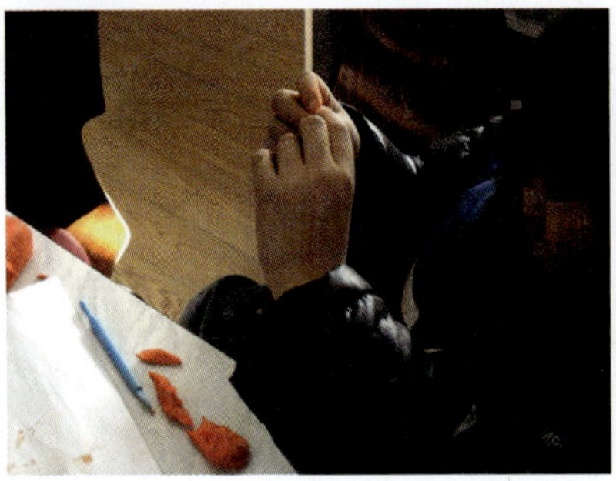 
총평 및 향후계획	4회기 작업을 통해 구성원은 점토를 두드리고, 던지고, 자르는 활동으로 부정적인 감정을 표출할 수 있었다. 또한 표출된 감정을 다시 통합하여 자신의 마음을 담을 수 있는 그릇을 만들며 내면의 긍정적인 정서를 발견하는 과정을 거쳤다. 특히 이**는 자리 이탈을 자주하며 교실을 돌아다니거나 물을 먹고 오는 행동을 하였지만 끝까지 작품을 완성하고 기뻐하는 모습을 보였다. 손**은 작업을 시작하지 못하고 오래 고민을 하다가 빨대가 잘라진 모습을 보고 잠수함을 연상하여 작업을 마무리하며 매우 기뻐하는 모습을 볼 수 있었다. 주**은 친구들의 피드백을 통해 또래관계에서 자신감을 획득하는 모습을 보이며 구성원 서로가 긍정적 관계 유지를 위한 행동이나 말의 사용을 경험할 수 있었다. 결과적으로 4회기는 구성원이 점토를 만지고 작업을 완성하며 작품에 각자의 의미를 부여하는 과정에서 창의적 욕구를 충족하며 감정의 카타르시스를 느끼고 서로의 피드백을 통해 긍정적 에너지를 얻을 수 있었던 것으로 보인다. 4회기에 이룬 에너지의 획득과 긍정적 자아의 발견은 다음 5회기 가면작업을 통해 변화되고 성장할 자신의 모습을 구체화시킬 수 있도록 도움을 줄 수 있을 것으로 보인다.

아동 집단 프로그램

01

2 즐기GO! 신나GO! 함께하GO! (ADHD 아동 사회성 증진)

집단프로그램 계획서

1. 프로그램 명칭

즐기GO! 신나GO! 함께하GO!

2. 프로그램 목적 및 목표

1) 프로그램의 목적

본 프로그램은 사회성이 부족한 ADHD 아동을 대상으로 다채롭고 흥미로운 미술 매체를 통해 정확한 자기이해의 기회를 제공한다. 특히 집단 안에서 이루어지는 매체를 활용한 신체활동과 정서이완활동은 ADHD 아동이 가지고 있는 문제점을 조절할 수 있는 사회적 기술을 배울 수 있도록 하며, 치료사가 제공하는 안전한 공간에서 솔직한 자신의 감정을 표출하고 해소하는 경험을 하는 것에 그 목적이 있다.

2) 프로그램의 목표

- 긍정적 자기인식을 한다.
- 감정을 자유롭게 표출하고 해소하며 심리적 안정감을 경험한다.
- 집단 안에서의 자신의 모습을 인식하고 통찰하여 협응력을 향상시킨다.
- 타인의 감정과 사회적 상황인식을 통한 문제 해결력을 증진시킨다.
- 자신감, 성취감을 갖고 사회성 향상을 돕는다.

3. 프로그램 대상 및 일정

① 대상: 또래관계 문제로 인해 의뢰된 ADHD 아동(4~6학년)

② 참가인원: 6명

③ 기간: 20**년 *월 **일 ~ 20**년 *월 *일(주 1회 50분씩, 총 8회기)

④ 장소: ○○심리발달센터 집단치료실

4. 프로그램

회기	단 계	구체적 목표	프로그램 진행내용
1	집단응집력 형성 및 프로그램 흥미유발	• 프로그램의 목적을 소개하고 동기를 부여한다. • 집단의 규칙을 정한다. • '나'에 대해 생각하고 표현해 보는 시간을 갖는다.	◆ 프로그램명: 나를 찾아 떠나는 여행 ① 첫 인사 나누기 ② 프로그램의 목적 소개하기 ③ 프로그램 규칙 말하기 ④ 활동하기 ⑤ 감정카드 만든 후 마무리
2		• 친밀감과 흥미 및 자발성을 촉진시킨다.	◆ 프로그램명: 감정축구 ① 인사 나누기 ② 지난 회기에 이어 회기 연결하기 ③ 감정축구공 만들기 ④ 감정축구하기 ⑤ 감정카드 만든 후 마무리
3	감정표출 및 집단에서의 자기 모습 인식	• 자기인식과 감정표현을 할 수 있도록 한다.	◆ 프로그램명: 나의 소리를 들어줘! ① 인사 나누기 ② 지난 회기에 이어 회기 연결하기 ③ 프로그램 소개하기 ④ 나에 대한 이야기를 양초로 이용하여 나타내고 그것을 집단이 색을 입혀 맞추는 놀이형식의 표현활동하기 ⑤ 감정카드 만든 후 마무리

회기	단 계	구체적 목표	프로그램 진행내용
4		• 자기인식과 감정표현을 할 수 있으며 부정적인 감정의 정화를 돕는다.	◆ 프로그램명: 나의 가면 만들기 ① 인사 나누기 ② 지난 회기에 이어 회기 연결하기 ③ 프로그램 소개하기 ④ 내가 생각하는 나의 모습과 변하고자 하는 나의 모습 만들기 ⑤ 가면을 쓰고 신체적으로 표현하기 ⑥ 감정카드 만든 후 마무리
5	갈등표출과 협응력 향상	• 부정적인 감정의 정화를 돕는다. • 소속감을 가지고 협응능력을 돕는다.	◆ 프로그램명: 감정찰흙 ① 인사 나누기 ② 지난 회기에 이어 회기 연결하기 ③ 프로그램 소개하기 ④ 자신의 화나는 감정을 표현하기 ⑤ 자신의 생각을 나누고 풀어낸 찰흙을 바탕으로 '나의 화단'을 만들기 ⑥ 감정카드 만든 후 마무리
※ 6		• 소속감 및 협응능력을 향상시킨다. • 내면의 갈등표현과 정화를 돕는다.	◆ 프로그램명: 비눗방울 협동화 ① 인사 나누기 ② 지난 회기에 이어 회기 연결하기 ③ 프로그램 소개한 후 비눗방울을 이용하여 집단의 협응능력을 위한 신체활동하기 ④ 비눗방울 그림으로 배경을 만들고 이야기 나누기 ⑤ 감정카드 만든 후 마무리

회기	단 계	구체적 목표	프로그램 진행내용
7	타인의 감정인식 및 사회적 상황인식과 문제 해결	• 수용력 증진과 변화 인식 • 집단 내 역동을 관찰하고 구성원 간의 응집력 강화를 돕는다. • 관계 기술을 향상시킨다.	◆ 프로그램명: 보이지 않는 그림/세상에서 가장 큰 그림 ① 인사 나누기 ② 지난 회기에 이어 회기 연결하기 ③ 프로그램 소개하기 ④ 색테이프를 이용해 '나만의 공간'을 그려 보도록 하고 자발적으로 함께하려는 것에 대해 자유롭게 선택하여 표현하기 ⑤ 공간끼리의 길을 통해 소통하는 길 만들기 ⑥ 감정카드 만든 후 마무리
8		• 사회에서의 문제 해결능력 고취를 돕는다. • 변화된 모습의 자기인식과 집단역동 강화를 돕는다. • 안정된 종결을 통해 긍정적 변화가 일반화되도록 한다.	◆ 프로그램명: 튼튼한 탑 쌓기 ① 인사 나누기 ② 지난 회기에 이어 회기 연결하기 ③ 프로그램 소개하기 ④ 무언으로 나누어 준 재료를 이용해 튼튼한 탑 쌓기 ⑤ 전시 후 이야기를 나누고 감정카드를 엮은 후 마무리

※ 6회기 프로그램 회기 보고서를 예로 제시

프로그램 회기 보고서

<table>
<tr><td>프로그램명</td><td colspan="3">즐기GO! 신나GO! 함께하GO!</td></tr>
<tr><td>일 시</td><td>20**년 *월 *일 / 16:00 ~ 16:50</td><td>장 소</td><td>OO심리발달센터
집단치료실</td></tr>
<tr><td>회 기</td><td>6회기</td><td>치료 단계</td><td>표출단계</td></tr>
<tr><td>참 여 자</td><td>A, B, C, D, E, F(6명)</td><td>결 석 자</td><td>없음</td></tr>
<tr><td>회기주제</td><td colspan="3">비눗방울 협동화</td></tr>
<tr><td>목 표</td><td colspan="3">• 소속감 및 집단 협응능력을 향상시킨다. • 내면의 감정표현과 정화를 돕는다.</td></tr>
<tr><td>준 비 물</td><td colspan="3">비눗방울 액체, 비눗방울 도구, 치료쟁반 또는 볼, 전지</td></tr>
<tr><td colspan="4">진 행 과 정</td></tr>
<tr><td>준비 과정</td><td colspan="3">프로그램 진행 전 참여자들의 행동을 살피고 욕구를 파악한다.</td></tr>
<tr><td>활동내용</td><td colspan="3">• 인사 지난 일주일 동안 있었던 일과 지난 날의 감정 다루기
• 웜업 – 지난 회기 연결
집단에서 지켜야 할 약속과 규칙에 대해 인식하고 지난 시간 활동에 대해 이야기를 나누며 자연스럽게 회기 연결하기
• 오늘의 활동〈비눗방울 협동화〉
– 오늘 활동에 대한 소개, 활동하는 의미 알기 및 지켜야 할 사항 고지하기
– 매체 탐색하는 시간 가지기
– 치료사가 준비한 비눗방울을 가지고 탐색하는 시간 가지기
① 비눗방울을 이용하여 집단의 협응을 위한 신체이완 활동하기
② 집단 내 순서와 차례를 자율적으로 정하며 어떤 신체표현과 활동을 할지에 대해 나누기
③ 활동하기
④ 자신들의 표현에 대해 이야기 나누기
⑤ 참여자 간 활동에 대해 이야기를 나누고 자신과 타인에 대한 감정 다루기
⑥ 감정카드 만들기
• 마무리 주변 정리 및 인사</td></tr>
</table>

관찰 및 평가	• 아스테이지를 깔고 앉아서 비눗방울을 이용해 비눗방울의 모습을 관찰하다가 서서히 일어나 비눗방울을 이용한 신체활동을 경험함. 치료사의 지시가 아닌 집단 내에서 자율적으로 자신들의 규칙과 표현방법으로 진행됨. 그 후 비눗방울이 내려 앉은 아스테이지 위에 각자 물감을 이용하여 표현하는 시간을 가짐. 처음에는 손으로 물감을 찍는 것조차 묻는다고 싫어하는 아동이 있는 반면에 활발하게 손으로 그리다가 발로 그림을 그리는 등 개성있는 작업을 하는 아동들도 관찰됨. • A 비눗방울을 활용한 신체활동시간에는 나이 어린 동생들에게 먼저 양보하고 배려하는 모습을 보임. 제일 먼저 물감이 섞인 비눗방울을 손으로 만지며 과감하게 표현하기 시작함. 이전 회기와는 달리 흥미도와 참여율이 높았고 집중도 또한 높았음. 작업 완성 후에는 평소와 달리 다소 흥분된 목소리와 큰 액션(박수치기, 두 손을 번쩍들기 등)과 함께 성취감을 신체로 표현하는 모습이 관찰됨. • B 물감이 손에 묻는 것을 극도로 싫어하며 비눗방울을 피하는 모습이 초반에 관찰됨. 이번 회기에서는 이전 회기들에서 보였던 적극성과 흥미를 보이지 않음. 자신의 옷에 물감이 튈까 봐 혼자 신문지를 쓰고, 비눗방울을 피해서 다니는 등 극도로 작업을 피하려는 모습을 보임. 그러다가 구성원이 웃고 즐겁게 활동하는 모습을 한참 동안 관찰하다 살며시 다가가더니 손 끝으로 비눗방울을 탐색하기 시작함. B의 이런 모습에 치료사와 구성원이 반응하고 지지하자 '에이 모르겠다.'라며 물감에 손바닥을 찍으며 장난을 치는 등 점차 흥미를 갖는 모습을 볼 수 있었음. • C 다소 의미 없는 발언과 상황, 주제에 맞지 않은 이야기로 집단의 주의집중을 흐리거나 하는 행동이 간헐적으로 관찰되었음. 하지만 회기중반에 들어서면서 집단에서 막내라며 구성원이 귀여워하고 배려해 주는 모습에서 C는 활동마다 흥미를 갖고 제일 열심히 하려는 모습을 보임. • D 물감을 이용하여 작업하는 것에 흥미를 가지며 참여함. 하지만 다른 또래에 비해 다양한 색을 가지고 표현하기보다 한 가지 색을 고집하며 작업하는 모습을 보임. 비눗방울을 이용한 신체활동시간에는 여태껏 진행되었던 집단활동에 비해 가장 많이 교류하며 적극적이고 흥미를 가지고 참여하는 모습을 보임.

관찰 및 평가	• E 또래들의 눈치를 보며 자신의 작업을 시작하는 모습을 보임. 자주 손을 닦으며 쉽게 집중하지 못하고 옆에 구성원에게 장난을 치고 발을 거는 등의 행동이 관찰됨. 치료사의 제재에 바로 행동이 수정은 되나 지속되지 못하고 쉽게 주의가 흐트러지는 모습을 보임. 제일 늦게 작업을 끝냈지만 끝까지 자신의 자리를 정리하는 모습에 지지하고 격려하자 오늘 있었던 자신의 행동에 대해 느낀 점을 이야기하며 반성의 시간을 가짐. 치료사에게 받은 제재에 다소 섭섭한 감정을 표현하자 그런 감정을 읽어주고 소통의 이유와 의미에 대해 다시 한번 인식하고 통찰하는 시간이 됨.
향후계획	• 유희적인 신체활동에 규칙과 차례를 지켜가며 집단을 이끌어나가는 집단의 역동을 관찰할 수 있었다. 향후 역동적인 신체활동과 정화시켜주는 작업을 통해 점차적으로 자신의 모습과 집단 안에서의 또래관계 향상 기술을 익히도록 한다. • 다음 시간에 대한 기대를 이야기하며 자기의견이나 감정을 솔직하게 표현할 수 있는 기회의 장이 되고자 한다. 매 회기가 끝날 때마다 감정카드를 통해 자신의 감정을 이미지나 글을 통해 남겨 자기를 인식하는 시간을 가지도록 한다.

아동 집단 프로그램

01

3

소중한 내 모습 찾기 (자존감 향상을 위한 집단 미술치료)

집단프로그램 계획서

1. 프로그램 명칭

소중한 내 모습 찾기

2. 프로그램 목적 및 목표

1) 프로그램의 목적

본 프로그램은 조손가정의 아동을 대상으로 집단미술치료를 실시함으로써 집단 내에서 지지적인 관계 경험을 하여 정서적 안정감을 획득하고 자존감을 향상시키는 데 그 목적이 있다. 또한 안전한 치료환경 안에서 부정적 감정을 자연스럽게 표출할 수 있는 기회를 가지며 감정의 정화를 경험할 수 있도록 돕는다.

2) 프로그램의 목표

- 자기존중의 기회를 가짐으로써 자존감을 향상시킨다.
- 집단 내에서 지지적 관계 경험을 통한 정서적 안정감을 획득한다.
- 억압된 감정표출을 통해 감정정화를 경험한다.
- 공감능력 향상을 통해 사회성을 증진한다.

3. 프로그램 대상 및 일정

① 대상: 조손가정의 아동(저학년)

② 참가인원: 8명

③ 기간: 20**년 *월 **일 ~ 20**년 *월 *일(주 1회 60분씩, 총 10회기)

④ 장소: ㅇㅇ초등학교 집단상담실

4. 프로그램

단계	회기	프 로 그 램	기 대 효 과	준비물
초기 (자기 탐색)	1	나는 누구일까요? (이름 디자인하기)	• 관계 형성 증진, 라포 형성 • 프로그램 흥미유발	도화지, 크레파스, 싸인펜, 잡지, 풀, 가위
	2	미끌미끌 촉감놀이 (밀가루풀 그림)	• 긴장이완 및 감정 탐색	비닐, 전지, 도화지, 밀가루, 물, 물감
	3	내 마음속 색깔 (천사점토 놀이)	• 긴장이완 및 내면탐색	천사점토, 싸인펜, 도화지
중기 (자기 표현)	4	내 모습은 이렇게 멋져 (신체 본뜨기)	• 긍정적인 자아상 확립 • 자존감 향상 • 자기와 타인 인식	전지, 스카치테이프, 크레파스, 색종이
	5	마음을 담은 봉투 (내가 갖고 싶은 것, 버리고 싶은 것)	• 자기표현 • 부정적 감정 해소 • 긍정적인 자아인식	봉투, 꾸미기 재료, 그리기 재료
	6	보물 상자 (안전한 공간 만들기)	• 안전한 공간 경험을 통한 정서적 안정감 획득 • 긍정적 자아상 확립	다양한 크기의 빈상자, 천, 꾸미기 재료, 그리기 재료, 풀, 가위
	7	가면놀이 (가면 꾸미기)	• 자신의 내면과 외면탐색 및 통합 • 긍정적 자아상 확립	가면, 채색 재료

단계	회기	프 로 그 램	기 대 효 과	준비물
종결 (자기 인식 – 집단 속의 나)	8	우리가 꿈꾸는 마을 (협동 벽화 그리기)	• 정서적 안정감 확립 • 상호 작용을 통한 사회성 증진	전지, 채색 재료, 싸인펜, 크레파스
	※ 9	희망 나무 만들기 (미래 설계)	• 긍정적인 미래 인식 및 희망의 고취 • 자아통합	나무틀, 채색재료, 빵끈, 메모지, 펀치
	10	세상에서 가장 아름다운 상 (상장 만들기)	• 자존감 향상 • 긍정적인 자아상 확립	상장용지 또는 도화지, 꾸미기 재료, 풀, 가위, 그리기 재료

※ 9회기 프로그램 회기 보고서를 예로 제시

프로그램 회기 보고서

<table>
<tr><td>프로그램명</td><td colspan="3">소중한 내 모습 찾기(자존감 향상을 위한 집단미술치료)</td></tr>
<tr><td>일 시</td><td>20**년 *월 *일(14:00 ~ 15:00)</td><td>장 소</td><td>집단상담실</td></tr>
<tr><td>회 기</td><td>9회기</td><td>치료 단계</td><td>통합 단계</td></tr>
<tr><td>참 여 자</td><td>빨강, 주황, 노랑, 초록, 파랑, 남색, 보라,
분홍(8명)</td><td>결 석 자</td><td>없음</td></tr>
<tr><td>회기주제</td><td colspan="3">희망나무 만들기</td></tr>
<tr><td>목 표</td><td colspan="3">• 긍정적인 미래 인식 및 희망을 고취할 수 있다.
• 자아통합의 경험을 할 수 있다.</td></tr>
<tr><td>준 비 물</td><td colspan="3">나무틀, 채색 재료, 빵끈, 메모지, 펀치</td></tr>
<tr><td colspan="4">진 행 과 정</td></tr>
<tr><td>준비 과정</td><td colspan="3">프로그램 진행 전 아이들의 반응과 행동을 살피고 욕구를 파악한다.</td></tr>
<tr><td>활동내용</td><td colspan="3">• 도입 인사 및 몸풀기 풍선게임
① 상대방에게 기분 좋은 칭찬을 건네며 풍선 돌리기를 한다.
② 자신의 꿈을 이야기하며 풍선 돌리기를 한다.

• 실행
① 희망나무 활동과 목적에 대해 이야기 나눈다.
② 나무틀에 아크릴 물감으로 색칠하며 꾸며 본다.
③ 종이에 자신의 꿈과 소망을 적어 본다.
④ 꿈을 적은 종이를 희망나무에 걸고 다른 참여자들의 작품과 함께 전시한다.

• 마무리
① 완성된 작품을 보며 느낀 점에 대해 이야기 나눈다.
② 자신들의 꿈을 구체화할 수 있는 방법에 대해 이야기 나눈다.
③ 서로의 꿈을 응원하는 시간을 가진다.</td></tr>
</table>

활동 및 반응 관찰

• 빨강

도입 활동 시에 산만한 모습을 보였으나 작품활동을 시작하자 차분히 앉아 집중하는 모습을 보임. 빨간색을 선택하여 크리스마스 나무를 꾸몄으며, 레고 디자이너가 꿈이라고 하며 크리스마스 레고를 생각하면서 만들었다고 함.

• 주황

활동 시작 전 규칙을 재인지하는 시간을 별도로 가졌음. 이에 활동 시 지난 회기보다 차분히 앉아 집중하려고 하는 모습을 보임. 노랑이와 팔레트를 같이 사용하였는데 자신의 영역에서 더 편하게 사용하려고 하였음. 한편 나무를 채색할 때 다른 친구들의 작품을 참고하며 자신의 작품을 보완하였고 특히 노랑이의 영향을 많이 받음. 후반에는 적극적인 태도로 자신의 작품을 표현하고자 노력함.

• 노랑

활동 내내 웃으면서 참여하였음. 주황이와 팔레트도 같이 사용하며 친하게 지내려고 노력하였고 드러나지 않게 배려하는 모습을 보임. 자신은 꿈이나 소원이 없다며 희망 적기를 하지 않았는데 친구들이 궁금하다고 하자 잠시 생각을 하다가 자신의 소원을 적어 마무리를 하였음.

<table>
<tr>
<td>활동 및
반응 관찰</td>
<td>

• 초록

이전 회기에서는 혼자 작업에 몰두하는 편이었으나 본 회기에는 친구들과 소통을 하며 활동에 참여하였음. 나무를 색칠하는 과정에서 꼼꼼하게 칠하려다 보니 다른 친구들에 비해 늦게 마무리가 되었으나 크게 신경 쓰지 않는 모습을 보임. 나무에 눈이 온 것을 표현하였고, 자신의 작품에 대한 설명과 꿈에 대해 적극적으로 이야기하였음.

• 파랑

이전 회기에서는 다른 아이들의 작품을 주로 모방하며 표현하던 파랑이가 이번에는 아이들과 비슷한 나무는 싫다고 말하며, 자신만의 생각과 표현으로 나뭇잎에 수맥을 그리며 매우 만족하는 모습을 보임. 다른 친구와 재료를 같이 쓰는 것에 자주 불만을 토로하고 갈등 상황을 만들었으나 본 회기에서는 조금씩 양보하는 태도를 보임. 자기 작품에 대해 잘 설명하면서 특별한 나무임을 강조하였고 완성된 작품에 만족감을 나타냄.

• 남색

옆에 앉은 파랑이와 이야기를 하며 즐겁게 활동에 임하였음. 파랑이와 비슷한 색채감으로 희망나무를 꾸몄지만, 마무리 작업에서 감나무라며 감을 붙이고 매우 만족해 함. 처음에는 내성적인 모습을 많이 보였지만 점차 감정표현을 적절하게 하고 있으며, 다른 친구들의 감정에도 관심을 가져 그에 관한 질문을 자주하는 모습이 관찰됨.

</td>
</tr>
</table>

활동 및 반응 관찰

• 보라

방과 후 수업으로 인하여 늦게 활동에 참여하였음. 작품활동 중간에 왔지만, 활동 속도가 빨라서 다른 친구들과 비슷하게 마무리를 함. 보라는 지난 회기에서와 같이 재료들을 집에 가져가고 싶어 하며 나무틀을 더 달라고 요청함. 그러나 친구들이 그럼 공평하지 않음을 이야기하자 상황을 받아들이는 모습을 보임. 나무에 5개의 소망을 적어서 붙인 뒤 한참을 보다가 부족하다며 3개를 더 첨부해 붙인 뒤 치료사에게 "제 나무 어때요? 잘한 것 같아요?"라고 물으며 관심과 칭찬받기를 원하였음.

• 분홍

분홍이는 친구들과의 교류 없이 활동에만 몰두하여 다른 친구들에 비해 완성 시간이 빠름. 소망을 적은 종이의 접착부분이 싫다며 두 장씩을 붙여 사용하였고, **이가 지나가다 살짝 건드리자 "너 때문에 망쳤어!"라고 말하며 **의 등을 치기도 하였음. 분홍이가 감정을 소리 내어 표현하자 친구들이 더 이해해 주는 모습을 보임.

<table>
<tr><td>평가</td><td>전체적으로 작품활동의 집중도가 높아졌으며 특히 초록, 빨강, 주황이의 행동이 안정적으로 변화되고 있음이 관찰됨. 더불어 참여자들 간에 관계하고 소통하려는 시도를 하고 있는 모습이 눈에 띄며 작품에서나 느낌 나누기에서 자기표현을 적극적으로 하는 친구들이 많아짐.
</td></tr>
<tr><td>향후 계획</td><td>다음 회기는 종결 회기로 진행될 예정이며, 그동안의 프로그램을 회상하고 의미화하는 작업을 통해 통합의 시간을 가질 예정임.
자신에게 주는 상을 만듦으로써 스스로를 격려하고 지지하는 시간을 통해 자신에 대한 긍정적인 자아상을 가질 수 있도록 하는 의미 있는 과정이 될 것임. 한편 종결에 대한 참여자들의 아쉬움과 불안에 대해 충분히 다루어야 할 것으로 보임.</td></tr>
</table>

청소년 집단 프로그램

02

1 함께 떠나는 심리여행 (청소년 정서지원 프로그램)

집단프로그램 계획서

1. 프로그램 명칭

함께 떠나는 심리여행

2. 프로그램 목적 및 목표

1) 프로그램의 목적

본 집단미술치료 프로그램의 목적은 청소년기 학생의 긍정적 자아개념을 향상시키고 사회적 기술의 향상을 통해 학교생활에 잘 적응할 수 있도록 도움을 주는 것이다.

참여자들은 집단미술치료 안에서 미술 매체가 가지는 다양한 특성을 경험하고 자기표현을 함으로써 창작품에 대한 자기만족감을 얻을 수 있을 것으로 기대한다. 또한, 집단 내에서 이루어지는 지지와 나눔의 시간을 통해 구성원이 겪고 있는 문제를 표현하고 공유함으로써 자아에 대한 개념을 재인식하고 올바르게 회복할 수 있을 것으로 기대한다.

2) 프로그램의 목표

- 부정적 감정의 순화를 통한 심리적 안정을 갖는다.
- 긍정적 자아개념을 향상시킨다.
- 자신감, 성취감을 갖는다.
- 관계 경험을 통해 사회성 향상을 돕는다.

3. 프로그램 대상 및 일정

① 대상: 중학교 2학년　　　　② 참가인원: 5명

③ 기간: 20**년 11월 *일 ~ 20**년 1월 *일(주 1회 50분씩 총 10회기)

④ 장소: 집단상담실

4. 프로그램

<table>
<tr><th>단계</th><th>목표</th><th>회기</th><th>주제</th><th>기대효과</th><th>준비물</th></tr>
<tr><td rowspan="2">사전모임</td><td rowspan="2">• 치료안내와 연구
• 대상자 파악 및 신뢰감 형성</td><td>기관면담</td><td>기관조사
관계자 면담</td><td>• 기관과 구성원의 욕구분석</td><td>–</td></tr>
<tr><td>사전면담</td><td>사전검사
(담당선생님)</td><td>• 프로그램 안내
• 개별 면담 및 사전검사</td><td>검사도구</td></tr>
<tr><td rowspan="2">초기</td><td rowspan="2">• 친밀감 형성
• 흥미유발
• 심리적 이완</td><td>1</td><td>별칭짓기</td><td>• 라포형성 및 흥미 유발
• 집단 목표설정
• 치료환경으로의 초대 및 안내</td><td>유성매직, 가위, 시트지</td></tr>
<tr><td>2</td><td>나의
장점 찾기</td><td>• 예술적 접근을 통한 라포형성 및 흥미 유발
• 자신의 장점 찾기
• 자존감 향상</td><td>다양한 모양의 스티커,
인체모형 그림,
싸인펜, 색연필,
색종이, 풀,
가위</td></tr>
<tr><td rowspan="2">중기</td><td rowspan="2">• 감정 표출 및 발산
• 자기표현
• 문제인식과 극복</td><td>3</td><td>습자지
감정표현</td><td>• 자신의 감정표현 및 분출
• 자신의 감정과 느낌을 객관적으로 인식</td><td>색습자지, 전지,
풀, 도화지</td></tr>
<tr><td>4</td><td>내 마음의 상자(내가 보는 나, 남이 보는 나)</td><td>• 자기표현 및 인식
• 타인과의 관계 인식</td><td>그리기 도구,
꾸미기 재료,
잡지 그림,
풀, 가위, 상자</td></tr>
</table>

단계	목표	회기	주제	기대효과	준비물
중기		※ 5	미움 떠내려 보내기(종이 배 만들기)	• 부정적 감정 정화 • 소속감 및 협응력 증진 • 책임감 및 성취감	그리기 재료, 꾸미기 재료, 2절 켄트지, A4용지, 테이프
		6	나를 담아주는 그릇	• 감정 표출 및 정화, 통합 • 스트레스 해소 • 자기인식 • 고통을 극복할 수 있는 힘 인식	점토, 색접시, 점토용 도구, 각종 꾸미기 재료, 오공 본드
후기	• 긍정적 자아감 향상 • 지지적인 관계 경험	7	우리의 섬으로 여행	• 긍정적 자아상 확립 • 정체성 확립 • 지지적 관계 경험	점토, 우드락, 전지, 자연물, 꾸미기 재료
		8	탄생 축하 케이크	• 긍정적 자아상 확립 • 희망의 발견	천사점토, 물감, 흰색 골판지, 우드락, 색한지, 오공 본드, 꾸미기 재료
종결	• 지지체계 구축 • 미래계획	9	나에게 주는 선물	• 긍정적 자아상 확립 • 정체성 확립 • 미래상 확립	선물상자, 각종 스티커, 스타핑, 하트볼, 카드, 싸인펜, 꾸미기 재료
		10	전시회 및 종결 파티	• 프로그램에 대한 자기 보고 • 서로에 대한 격려 및 희망 고취	작품 전시, 간단한 다과
사후모임		기관면담	사후검사 및 설문지 작성 (담당선생님)	• 치료를 통해 변화된 나를 돌아보기 • 앞으로의 다짐	검사도구

※ 5회기 프로그램 회기 보고서를 예로 제시

프로그램 회기 보고서

<table>
<tr><td>프로그램명</td><td colspan="3">함께 떠나는 심리여행(청소년 정서지원 프로그램)</td></tr>
<tr><td>일 시</td><td>20**년 12월 **일 (월) / 10:30 ~ 11:20</td><td>장 소</td><td>집단치료실</td></tr>
<tr><td>회 기</td><td>5회기</td><td>치료 단계</td><td>표출·발산 단계</td></tr>
<tr><td>참 여 자</td><td>천사, 요정, 공주(3명)</td><td>결 석 자</td><td>나비, 꽃님(2명)</td></tr>
<tr><td>회기주제</td><td colspan="3">우리들의 배(미움 떠내려 보내기)</td></tr>
<tr><td>목 표</td><td colspan="3">• 부정적인 감정의 정화를 돕는다.
• 소속감을 가지고 집단 협응능력을 돕는다.
• 책임감과 성취감을 경험한다</td></tr>
<tr><td>준 비 물</td><td colspan="3">A4용지, 싸인펜, 혹은 색연필, 2절 켄트지 여러 장, 스카치테이프, 색종이, 꾸미기 재료</td></tr>
<tr><td colspan="4">진 행 과 정</td></tr>
<tr><td>준비 과정</td><td colspan="3">프로그램 진행 전 참여자들의 행동을 살피고 욕구를 파악한다.</td></tr>
<tr><td>활동내용</td><td colspan="3">① 자신이 현재 느끼고 있는 스트레스나 부정적 감정을 생각해 보고 A4용지에 적어 본다.
② 자신의 스트레스는 무엇인지 서로 나누고 구성원이 함께 느끼는 공통의 스트레스는 어떤 것인지 알아보며 각자의 스트레스를 해결할 수 있는 방법에 대해 이야기한다.
③ 각자의 스트레스가 적혀진 A4용지로 종이배를 접어서 만들고 배의 이름을 정해 본다.
④ 구성원이 합심하여 켄트지를 여러 장 연결한 후 커다란 종이배를 만들고 꾸미기를 한다.
⑤ '우리들의 배'에 이름을 붙여주고 우리의 스트레스를 실은 배를 어떻게 할 것인지 의논한 후 스트레스를 함께 해결할 수 있는 방법을 모색한다.
⑥ 작업을 끝낸 후 느낌을 나눈다.</td></tr>
</table>

관찰 및 평가			
	이름	작품	작품제목 / 작업 과정
개인 진행 과정	천사	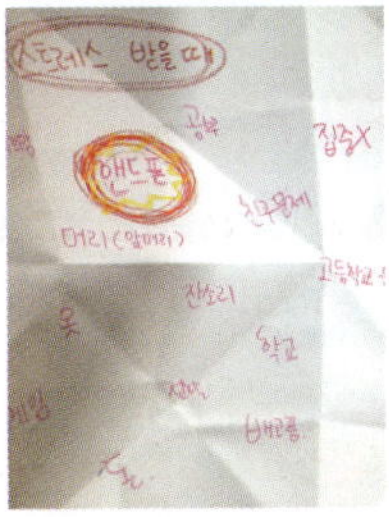	자신의 가장 큰 스트레스는 엄마가 핸드폰을 안 사주는 것이라고 함. 그밖에도 자신의 스트레스는 고등학교 진학 등 장래의 문제, 친구와의 갈등, 공부에 집중이 안 되는 것, 잔소리, 돈, 게임, 학교 등을 적었음. 스트레스를 받았을 때 일어나는 감정은 '우울함'이라고 하며 버리고 싶은 자신의 배 이름을 〈망할호〉라고 함.
	요정	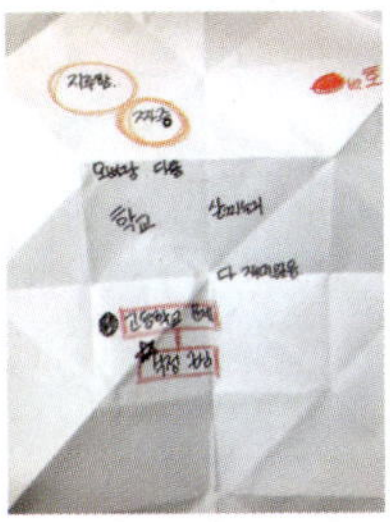	버리고 싶은 자신의 스트레스 혹은 나쁜 버릇은 생활이 지루한 것, 짜증, 오빠와의 다툼, 살찌는 것, 다 재미없음 등이고 가장 걱정되는 것이 고등학교 진학 문제라고 함. 자신이 가장 많이 느끼는 부정적 감정은 '짜증'이라고 하였고 자신의 배 이름을 〈ㅂ2호〉라고 정함.
	공주	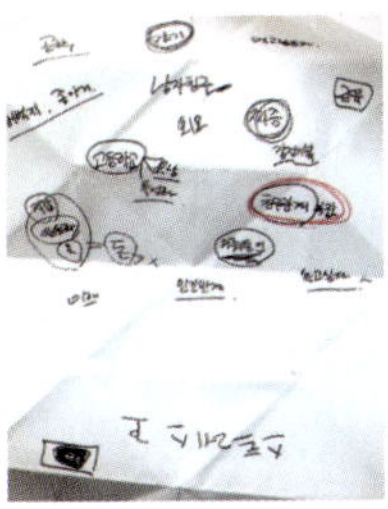	가장 큰 자신의 스트레스는 친구 관계가 복잡한 것이며 그밖에도 남자친구와의 문제, 외모, 사고 싶은 물건을 사기 위한 돈, 감정 기복이 심한 것, 놀고 싶은 마음, 미루어 둔 일, 짜증 등을 적었음. 자신의 부정적 감정의 핵심은 '화남'이라고 통찰하며 버리고 싶은 자신의 배 이름을 〈스트레스호〉라고 정함.
집단 과정 및 총평	   공동작업 – '우리들의 배' 만들기 과정    개인이 만든 배 / 작은 배를 큰 배에 담음 / 배 꾸미기		

집단 과정
및
총평

배 꾸미기

공동 작업으로 완성된 대형배

〈우리들의 배〉를 소각하는 장면

참여자들은 자신의 부정적 정서와 스트레스에 대해 알아보는 시간을 가지며 자유롭게 A4용지에 적어 나가기 시작했다. 자신이 느끼는 내면의 부정적 측면이 무엇인지 객관적으로 바라보고 그것에 대해 자유롭게 나누는 시간을 가졌다. 나눔의 시간에서는 자신이 말하고, 나누고 싶은 것만 이야기해도 된다는 전제로 서로가 안정된 환경 안에서 안전 기지가 될 수 있도록 하였다.

대부분 학업, 진로, 친구 관계에 대한 공통적인 스트레스를 받고 있었으며 공동의 문제를 서로 나누고 공감하는 시간을 가질 수 있었다. 천사가 스트레스를 받았을 때 '음악을 듣거나 친구와 노래방을 간다.'고 먼저 이야기하자 요정과 공주도 '좋은 방법이다. 나도 그렇다.'라고 하며 공감하는 모습을 보였다. 그 밖에도 스트레스를 대처하는 방법으로 '맛있는 것 먹기', '친구와 수다 떨기', '쇼핑하기' 등이 있다고 하며 서로의 경험을 나누고 즐거워하였다.

참여자들은 각자의 스트레스를 쓴 A4용지를 접어 작은 종이배로 만든 후, 켄트지를 이용하여 다 함께 커다란 배를 만드는 작업을 시작하였다.
공주와 천사는 켄트지를 잡아주고 테이프를 붙이며 함께 작업하였으나 요정은 어색한 듯 서 있거나 소극적인 참여를 하는 경우가 많았다.

집단 과정 및 총평	큰 배를 꾸미는 작업을 할 때 천사는 '이제 크리스마스가 다가온다.'라며 트리를 만들어서 붙였고, 요정과 공주는 각자의 영역에 국한되어 꾸미기를 하는 모습에서 서로 방향을 제시하거나 의견을 내는 모습에는 다소 소극적인 태도가 관찰되었다. 그러나 다 완성된 배의 모습을 본 참여자들은 모두 '겨울 분위기가 나서 마음에 든다.' '멋지다'는 피드백을 하였으며 배의 이름을 〈떠나라 호〉라고 정했다. 함께 만든 큰 배 안에 각자가 만든 작은 배를 담고 모두의 스트레스와 버리고 싶은 감정을 실은 배를 어떻게 처리할지 의논하였고 '태워버리고 싶다'는 의견에 모두 동의하여 소각장에서 배를 태우기로 하였다. 배가 불길에 휩싸이고 다 타버리고 재만 남은 모습을 보고, 천사는 '후련하다.' 공주는 '마음이 편해졌다.' 요정은 '시원하고 편하다.'라고 자신의 감정을 표현하였다. 5회기 작업을 통해 참여자들은 스스로 부정적 감정에 대해 인식하고 해결방법에 대해 모색할 수 있었으며 감정의 카타르시스를 느낄 수 있었다. 또한, 공동작업 과정에서 소극적이긴 하였으나 의견을 나누고 조율하기도 하고 함께 도움을 주며 작품을 완성하는 과정에서 긍정적인 사회적 관계를 경험하고 집단의 힘을 느낄 수 있었을 것으로 보인다.
향후계획	이번 회기에서 참여자들은 자신의 부정적 감정을 인식하고 작품 결과물을 소각하며 감정의 카타르시스를 경험했다. 다음 회기에서 참여자들은 자신의 긍정적 감정과 감추어진 자신의 강점을 찾아내고 수용하는 과정을 통해 한 단계 성숙할 수 있을 것으로 기대한다.

성인 집단 프로그램

03

1 미술로 만나는 태교 (태교 교육 및 심리지원 통합 프로그램)

집단프로그램 계획서

1. 프로그램 명칭

미술로 만나는 태교

2. 프로그램 목적 및 목표

1) 프로그램의 목적

임신으로 인해 일어나는 여성의 신체적 · 심리적 변화를 이해하고 다양한 미술 매체를 통해 자신을 표현해 보는 경험을 한다. 시기적으로 불안과 우울감을 경험하는 임산부에게 즐거움과 재미를 주는 것은 물론 심리적 안정을 제공하며, 태아의 정서와 건강에 긍정적 영향을 미치도록 돕는다.

2) 프로그램의 목표

① 모(母) 차원: 다양한 미술 매체를 통한 표현활동을 통해 자신의 내면의 감정을 만나고 경험할 수 있는 기회를 제공한다.

② 태아 차원: 엄마와 정서적 교감을 할 수 있는 미술활동을 통해 태아의 심리적 안정감 및 건강에 긍정적 영향을 미치도록 돕는다.

③ 모-태아 차원: 모-태아 간 하나된 느낌을 경험하며, 미술활동을 통해 온전히 집중하고 태아와 소통할 수 있는 시간을 제공한다.

3. 프로그램 대상 및 일정

① 대상: 임신기간 중인 임산부

② 참가인원: 10명

③ 기간: 20**년 *월 *일 ~ 20**년 *월 *일(주 1회 60분씩, 총 12회기)

④ 장소: ○○집단교육실

4. 프로그램

구분	회기	프로그램명	내 용	비 고 (준비물/기자재 등)
태아 중심 프로그램	1	오리엔테이션 ◈ 부모교육 – 임산부의 심리적 특성	• 태교미술교실에 대한 소개와 태교의 의미를 나눈다. 자신과 아기를 가장 잘 나타낼 수 있는 것을 상징적으로 표현하고 소개하는 시간을 갖는다.	PPT, 컴퓨터, 빔프로젝트, 이론 교재
	2	◈ 심리미술 – 하나된 나와 아기(아기 태몽이 의미하는 이미지 나타내기)	• 임산부나 주변에서 꾼 태몽에 관해 이야기한 후 아이에 대한 바람을 이미지로 표현하고 임산부, 주변 가족과의 애착을 형성한다.	그리기 도구, 화지, 잡지, 색지, 풀, 가위
	3	◈ 부모교육 – 태교의 효과 – 태교미술의 방법	• 각자가 선호하는 태교의 방법을 서로 나누고 미술로 태교하는 방법에 대해 이야기하고 적용해 본다.	PPT, 컴퓨터, 빔프로젝트, 이론 교재
	4	◈ 심리미술 – 행복한 그림책 만들기(내 아기의 모습 상상하여 표현해 보기, 내가 만든 태교 동화 들려주기)	• 젖은 종이에 수채화물감을 떨어뜨린 후 느리게 퍼져가는 물감을 관찰하고 연상되는 이미지를 떠올려 아기에게 들려주고 싶은 이야기를 나눈다. • 임산부의 마음을 이완시켜주고 정서를 풍요롭게 촉진하며 아기에게 들려줄 동화책을 만들어 보고 태담을 통해 아기와의 애착을 형성한다.	화지, 풀, 가위, 수채화 도구, 색연필, 싸인펜, 아기 사진, 엄마 아빠의 사진

구분	회기	프로그램명	내 용	비 고 (준비물/기자재 등)
임산부 중심 프로그램	5	◈ 부모교육 – 가족 발달의 이해	• 가족 발달주기를 보며 자신의 생활주기를 점검하고 현 시점에서 자신이 이루어야 할 발달과업을 인식한다.	PPT, 컴퓨터, 빔프로젝트, 이론 교재
	6	◈ 심리미술 – 아기에게 보여주고 싶은 엄마의 마음 (엄마의 인생곡선)	• 자신의 인생변화 과정을 살펴보고 정체성을 발견하며 자신의 삶을 수용한다. • 엄마라는 위치로 다시 태어날 자신의 모습을 생각해 보고 아기와 나, 가족의 의미를 생각해 본다.	화지, 그리기 도구
	7	◈ 부모교육 – 내 몸속의 자궁과 태아의 이해	• 임신으로 인한 자궁의 변화와 역할에 대해 알아본다. • 엄마의 신체적·심리적 건강이 태아에게 주는 영향에 대해 이해하고 건강한 몸과 마음을 유지할 수 있도록 한다.	PPT, 컴퓨터, 빔프로젝트, 이론 교재
	8	◈ 심리미술 – 아기 궁전 꾸미기	• 아기를 생각하며 엄마의 몸속에 있는 아기 궁전을 꾸며 준다. • 내 몸의 소중함과 소중한 몸속의 궁전에서 자라고 있는 아기와의 긍정적 환경을 설정하고 경험하도록 한다.	아기 초음파 사진, 파란색 물결지, 플라스틱 반구, 각종 꾸미기 재료

구분	회기	프로그램명	내 용	비 고 (준비물/기자재 등)
모성 중심 프로그램	9	◈ 부모교육 – 심리적 모성공간의 이해 – 자녀양육패턴의 이해	• 엄마가 되어가는 준비 과정으로 자신의 모습을 인식하고 안정된 심리적 공간을 어떻게 만들어가며 유지할 것인가에 대해 생각해 보는 시간을 갖는다. • 부모의 양육 패턴에 따른 자녀의 특성을 이해하고 자신은 어떤 양육패턴에 의해 성장했으며 나의 아기는 어떻게 양육할 것인지에 대해 생각해 본다.	PPT, 컴퓨터, 빔프로젝트, 이론 교재
	10	◈ 심리미술 – 엄마가 주는 선물 (아기방 꾸미기)	• 나와 만나게 될 아기를 생각하며 아기방을 꾸미고 의미 있는 선물을 만들어 본다. • 아기방 꾸미기 작업이 단순한 물리적 공간의 꾸미기가 아닌 엄마됨을 준비하는 심리적 공간임을 인식한다. 엄마의 마음속에 아기를 키울 수 있는 건강한 모성 공간을 만들고 긍정적 모성상을 확립한다.	우드락, 색한지, 각종 꾸미기 재료
	11	◈ 부모교육 – 영·유아기의 초기 애착 관계	• 모성과 영·유아기 초기 애착의 관계에 대한 중요성을 이해하고 모성의 역할에 대하여 생각하는 기회를 갖도록 한다.	PPT, 컴퓨터, 빔프로젝트, 이론 교재
	※ 12	◈ 심리미술 – 탄생 축하 케이크 만들기	• 아기의 탄생을 축하하는 케이크를 만들고 엄마가 됨을 인정하며 자신과 아기에게 사랑을 표현하는 모성 체험을 한다.	천사점토, 물감, 케이크틀, 꾸미기 재료

※ 12회기 프로그램 회기 보고서를 예로 제시

프로그램 회기 보고서

<table>
<tr><td>프로그램명</td><td colspan="3">미술로 만나는 태교(태교 교육 및 심리지원 통합 프로그램)</td></tr>
<tr><td>일 시</td><td>20**년 *월 **일 / 2:00 ~ 3:00</td><td>장 소</td><td>집단교육실</td></tr>
<tr><td>회 기</td><td>12회기</td><td>치료 단계</td><td>통합 단계(종결)</td></tr>
<tr><td>참 여 자</td><td>선물이, 동동이, 축복이, 튼튼이, 홍삼이,
콩콩이, 가득이, 겨울이, 행운이(9명)</td><td>결 석 자</td><td>복댕이(1명)</td></tr>
<tr><td>회기주제</td><td colspan="3">우리의 파티(케이크 만들기)</td></tr>
<tr><td>목 표</td><td colspan="3">• 심리안정 및 내적 통합
• 엄마됨의 인정 및 모성 체험
• 아기와의 만남 기대 및 안정적 종결</td></tr>
<tr><td>준 비 물</td><td colspan="3">천사점토, 물감, 케이크틀, 하드보드지, 한지, 꾸미기 재료, 오공 본드, 가위</td></tr>
<tr><td colspan="4">진 행 과 정</td></tr>
<tr><td>준비 과정</td><td colspan="3">프로그램 진행 전 참여자들의 행동을 살피고 욕구를 파악한다.
종결에 대해 안내한다.</td></tr>
<tr><td>활동내용</td><td colspan="3">① 지난 회기에 대한 회고와 한 주 동안의 감정을 나눈 후 오늘의 작업에 대해 소개하고 활동의 목적을 이야기한다.
② 케이크와 함께 했던 자신의 경험과 그때의 느낌을 이야기해 본다.
③ 오늘의 주 매체인 천사점토를 탐색한 후 촉감과 떠오르는 이미지에 대해 서로 이야기한다.
④ 천사점토에 물감으로 색을 들인 후 케이크틀에 천사점토를 덧입혀 원하는 케이크를 만들어 본다.
⑤ 우드락을 잘라 케이크판을 만들고 케이크를 올려 둔 후 꾸미기를 한다.
⑥ 자신의 케이크에 의미를 담은 제목을 붙이고 서로의 작품에 대해 나눔의 시간을 가진다.</td></tr>
</table>

관찰 및 평가		
참여자	작품/작품제목	개인진행 과정
선물이	 격하게 환영한다	프로그램을 통해 태아를 인격체로 대하기 때문에 아기가 태어나며 1살이 된다는 의미를 알게 되었다고 함. 따라서 자신의 아기를 태중에서도 귀한 인격체로 존중하겠다고 하였고 태어나는 순간 이미 한 살이 되는 아기를 축하하기 위해 1이라는 숫자를 강조하여 탄생 축하 케이크를 만든 것이라고 함. 프로그램을 끝내며 그동안 태교미술에 대한 남편의 지지가 고맙게 생각된다고 함. 아기가 태어난 날 이 케이크와 함께 사진을 찍어 주고 싶다고 하였고 태중의 아기에게 몰입하는 시간이 좋았다고 함.
동동이	 타요 케이크	큰애도 생각나서 좋아하는 타요 버스를 만들어 케이크에 붙였다고 하며 '동동이가 태어날 것에 대해 고맙고 사랑한다.'는 의미를 담았다고 함. 천사점토의 촉감이 너무 부드러웠고 마음이 편안해졌으며 작업 과정이 재미있었다고 피드백을 함.
축복이	 순수한 너에게 케이크	생크림 딸기 케이크를 생각하며 만들었다고 함. 하얀 생크림 위에 딸기가 있으면 순수한 느낌이 드는데 아이가 태어나면 순순한 느낌일 것 같다고 함. 오늘 몸이 좀 피곤했는데 하고 나니 케이크가 맛있어 보여서 좋다고 함.
튼튼이	 나비의 꿈	처음 만져 보는 미술재료가 신기했고 케이크를 장식하며 아기가 어떻게 생겼을지 궁금한 마음이 들었다고 함. 예쁘고 꿈도 많은 아기로 태어나기를 바라는 마음을 담았다고 함.

홍삼이	 열렬히 사랑하는 우리 홍삼이	엄마, 아빠, 홍삼이를 하트로 상징했고 아기가 태어나면 사랑이 넘치는 가정이 될 것을 기대 한다고 함. 천사점토의 촉감이 너무 좋았고 작업을 하며 아기 생각을 많이 하게 되어 행복했다고 함.
콩콩이	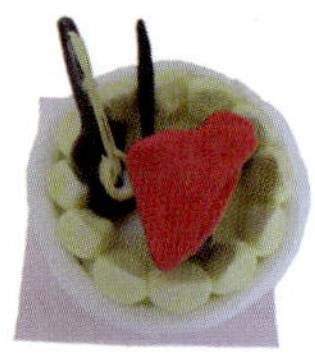 제목 없음	태몽이 고구마라 고구마 케이크를 꾸민 것이며 아기를 4명 낳아서 현악 4중주 팀을 만들고 싶다고 함. 케이크 위에 형제가 합주하는 모습을 의미하는 악기를 만들었고 작업을 하며 아이들과 행복한 가정을 만들어갈 자신의 미래를 생각하니 즐거웠다고 함.
가득이	 사랑 담긴 케이크	아빠와 엄마, 아기의 이니셜을 만들어서 장식했으며 아기가 우리 부부 사랑의 결실이라고 함. 태교 수업에 한 번도 빠지지 않아서 보람되고 마지막 수업이라 아쉽다고 함.
겨울이	 겨울이	겨울에 태어나는 아기라서 눈사람을 만들어서 장식하였고, 점토를 만지는 느낌이 좋아서 재미있었다고 함. 2층 케이크이니까 아기가 태어나면 주변의 더 많은 사람과 축하 파티를 할 수 있을 것 같다고 함.
행운이	 크리스마스 축복	예정일이 크리스마스 이브여서 트리를 만들고 눈사람으로 장식하였다고 함. 크리스마스 이브에 만나게 될 아기를 기대하고 있으며 그날은 우리 가정에 축복이 넘칠 것이라고 함.

총평
천사점토와 여러 가지 꾸미기 재료를 이용하여 엄마가 되는 '새로운 나의 탄생'과 '아기의 탄생'을 축하하는 케이크를 만들고 프로그램을 마무리하였다. 참여자들은 천사점토에 물감을 섞어 각자가 원하는 색의 점토를 만들고 꾸미며 천사점토의 촉감을 부드럽고 좋다고 표현하고 작업 과정이 재미있었다고 하였다. 또한, 케이크에 축하 메시지와 축복의 의미를 담으며 자신의 작품을 소중하게 생각하였다. 홍삼이와 겨울이는 지각으로 인해 작업시간이 모자란 것을 아쉬워하였으며, 축복이와 행운이는 더 잘 만들고 싶었는데 마음대로 표현이 되지 않아 아쉬움이 남는다고 했다. 가득이는 수업에 한 번도 결석하지 않은 것에 대해 자랑스러워했고, 다른 참여자들은 박수를 치며 개근을 축하해 주었다. 참여자들은 종결 회기를 맞아 태아와 소통하고 교감했던 시간들을 회상하고 태교 프로그램이 끝나는 것을 아쉬워하였다. 또한 서로가 순산을 기원해 주고 엄마가 되고 아기가 태어날 것을 미리 축하해 주는 모습을 볼 수 있었다.

노인 집단 프로그램

04

1 좋은 이웃 나눌 샘(우울 노인 정서지원)

집단프로그램 계획서

1. 프로그램 명칭

좋은 이웃 나눌 샘

2. 프로그램 목적 및 목표

1) 프로그램의 목적

본 집단미술치료 프로그램은 저소득 어르신을 대상으로 안정적인 상호지지체계를 형성하고 삶의 만족을 증진시키며 심리적·정서적 지지와 자존감을 향상시킨다. 또한, 저소득 어르신의 건강한 정신을 위한 우울증 예방과 좋은 이웃을 만들어 주는 데 그 목적이 있다.

2) 프로그램의 목표

- 집단 프로그램을 통하여 집단이 상호지지체계로서 안정적으로 기능하게 한다.
  - 어르신들의 개별적이고 자조적인 만남을 유도한다.
  - 상호 간의 접촉(전화, 방문, 모임) 등이 주 2회 이상 이루어지도록 한다.
  - 어르신들 상호 간에 서로 의지하고 도울 수 있는 관계가 형성되도록 한다.
- 어르신들이 가진 스트레스 요소들을 나누며 위로와 공감대를 형성한다.
- 상호 지지를 통해 어르신 개별의 자존감을 향상시킨다.
  - 상호 고민 나누기 / 칭찬하기 / 선물, 음식 나누기 등
- 정신건강 및 실천을 통해 우울 및 외로움을 감소시킨다.

3. 프로그램 대상 및 일정

① 대상: 우울증 검사에서 우울 변인이 높은 저소득 어르신

② 참가인원: 10명

③ 기간: 20**년 *월 **일 ~ 20**년 *월 **일(주 1회 60분씩, 총 8회기)

④ 장소: ○○복지관

4. 프로그램

단계	회기	프로그램	기대효과	재료
초기	1	나의 이름 표현하기	• 라포 형성 • 프로그램 흥미 유발 • 정서적 안정감과 상호 교류 증진	사포지, 크레파스
	2	점토로 감정 표현하기	• 매체 질감을 통한 감각의 활성화 • 정서적 이완 • 안전한 환경 구축하기	찰흙, 도구, 꾸미기 재료
	3	나의 손, 나의 인생 다루기	• 자기탐색 및 정서적 이완 촉진 • 친밀감 형성 • 자기이해 및 자아상과의 만남 • 상호 작용 촉진	석고붕대, 종이컵, 따뜻한 물, 가위, 오일
중기	※ 4	회상 1 : 고향집 풍경 그리기	• 자기인식 및 탐색 • 장기 기억 활성화 • 과거와 현재 삶의 관계 통찰 • 회상을 통한 상호 소통과 대인관계 증진	화선지, 물감, 붓, 붓펜, 채색도구, 음악
	※ 5	회상 2 : 한복 만들기	• 창조적 자기표현 촉진 • 자신감과 자기표현력 증진 • 성취감과 만족감을 고취 • 소근육 운동과 시지각 협응력 향상	지난 회기 작품, 마분지, 색한지, 실, 바늘, 가위, 양면테이프, 풀, 음악

단계	회기	프로그램	기 대 효 과	재료
중기	6	색습자지 옷 만들기	• 감정의 발산 및 정화 • 긍정적인 사회적 관계 형성 • 자신감 향상 • 긍정적 자아개념 확립 • 에너지 증진 및 활성화	다양한 전지 색습자지
후기	7	집단 만다라	• 심리 안정 및 내적 통합 • 집단 응집력 강화 • 자아 성찰 • 자존감 향상 및 희망 고취	사포, 크레파스나 오일파스텔
	8	공동 마을 건설하기	• 안정된 관계 촉진 • 긍정적 미래 인식 및 희망 고취 • 긍정적 헤어짐의 경험을 통해 안정적 종결	우드락, 색점토, 꾸미기 재료

※ 4, 5회기 프로그램 회기 보고서를 예로 제시

프로그램 회기 보고서

<table>
<tr><td>프로그램명</td><td colspan="3">노인 우울 집단치료(좋은 이웃 나눌 샘)</td></tr>
<tr><td>일 시</td><td>20**년 *월 **일 (10:00 ~ 11:00)</td><td>장 소</td><td>집단치료실</td></tr>
<tr><td>회 기</td><td>4회기</td><td>치료 단계</td><td>탐색 단계</td></tr>
<tr><td>참 여 자</td><td>참여 어르신(10명)</td><td>결 석 자</td><td>없음</td></tr>
<tr><td>회기주제</td><td colspan="3">회상 1: 고향집 풍경 그리기</td></tr>
<tr><td>목 표</td><td colspan="3">• 옛 고향에 대한 기억 회상으로 자신을 탐색하고 자기수용을 촉진시킨다.
• 상호 교류를 통한 대인관계 형성을 돕는다.
• 신체활동과 작업을 통해 성취감과 만족감을 고취시킨다.</td></tr>
<tr><td>준 비 물</td><td colspan="3">아크릴 물감, 2배 접지 화선지, 붓, 팔레트, 물감, 음악</td></tr>
<tr><td colspan="4">진 행 과 정</td></tr>
<tr><td>준비 과정</td><td colspan="3">프로그램 진행 전 참여자들의 행동을 살피고 욕구를 파악한다.</td></tr>
<tr><td>활동내용</td><td colspan="3">• 도입
이완 작업: 마리안 체이스(Marian Chace) 기법
① 움직임을 통해 에너지 활성을 돕고 경직을 풀어주는 시간을 가진다.
② 일주일간 지낸 이야기를 나누어 본다.

• 실행: 고향집 풍경 그리기(어린 시절 회상)
① 눈을 감고 어린 시절에 살던 집을 탐색한다.
② 내가 살던 고향을 떠올려 본다.
③ 그곳의 특징이나 내가 경험했던 일들을 생각해 본다.
④ 화선지 위에 자신이 살던 어린 시절 집을 그리고 떠오르는 주변을 그려 보도록 한다.
⑤ 채색도구를 사용하여 색칠해 본다.</td></tr>
</table>

활동내용	• 마무리: 생각 나눔 시간 ① 고향집을 그리며 떠오른 생각을 나눈다. ② 그곳에 살았을 때 나의 모습에 대해 이야기한다. ③ 서로 고향이 같다면 공통점에 대해서 같이 이야기를 나눠보는 시간을 가진다.
관찰 및 평가	어린 시절에 살던 풍경에 대해 이야기를 나누며, 그곳에 대해 기억나는 것들을 회상하는 시간을 가졌다. 참여자들은 대부분 아주 어린 시절을 기점으로 이야기를 시작하였다. 한두 분의 이야기가 시작되자 그 안에서 비슷한 경험, 동시대 때 공감할 수 있는 공통점을 찾으면서 집단 분위기는 금세 화기애애해졌고, 눈에 띄게 적극적인 모습들이 관찰되었다. 또한, 고향 이야기가 나오면서 손을 맞잡거나 안는 등 나름대로 친근함을 표현하기도 하였다. 특히 평양분이 두 분 계셨는데, 그중 한 분은 자리가 멀리 떨어져 있었음에도 불구하고 손수 가서 악수를 청하고 자신의 자리로 돌아오는 적극적인 모습을 보였다. 참여자 중 그림을 처음 그리는 분들이 많아 작업에 다소 부담감을 가지기도 하였으나 치료사가 먼저 요령들을 알려 주고 어려워하는 부분들은 직접 다가가서 도움을 주자 이내 흥미 있게 작업에 임하는 모습을 볼 수 있었다. 전체적으로 자신들의 집을 잘 표현하였으며, 어린 시절에 살았던 집의 특징적인 상징물을 그려 넣기도 하였다(예: 바닷가가 보이는 우리 집, 붉은색 기와집, 박이 자라는 초가집, 깊은 우물, 펌프, 가축들, 과일나무 등). 작업 중에 자신이 그려 넣은 상징물을 보며 눈시울을 붉힌 참여자들과 눈을 감고 깊은 회상에 잠긴 듯한 참여자들이 간헐적으로 관찰되기도 하였다. 어린 시절에 자신들의 이야기를 하는 동안 참여자들은 소년, 소녀처럼 웃고 즐거워하며 활력이 넘치는 모습을 보였다. 더불어 어린 시절의 아픔이나 힘든 삶에 대한 이야기가 나올 때면 서로 같이 공감하고 이해하며 지지하는 태도로 응집력을 형성하였다. 회기가 끝난 후에도 참여자들은 쉽게 자리를 뜨지 못하고 고향의 특징과 자랑거리, 특산물, 먹거리에 대한 이야기를 나누기도 하였다.
향후 계획	어린 시절 탐색을 하며 장기기억을 회상하게 되었고 고향집을 그리면서 전체적으로 적극적인 태도들이 나타나기 시작하였다. 다음 회기에는 한지를 사용하여 한복을 만드는 작업으로 이전 회기와 '과거 회상'이라는 연결성을 갖도록 하여 더욱 심층적으로 자신을 탐색하고 자기수용을 돕도록 한다.

프로그램 회기 보고서

<table>
<tr><td>프로그램명</td><td colspan="3">노인 우울 집단치료(좋은 이웃 나눌 샘)</td></tr>
<tr><td>일 시</td><td>20**년 *월 **일 (10:00 ~ 11:00)</td><td>장 소</td><td>집단치료실</td></tr>
<tr><td>회 기</td><td>5회기</td><td>치료 단계</td><td>탐색 단계</td></tr>
<tr><td>참 여 자</td><td>참여 어르신(10명)</td><td>결 석 자</td><td>없음</td></tr>
<tr><td>회기주제</td><td colspan="3">회상 2: 한복 만들기</td></tr>
<tr><td>목 표</td><td colspan="3">• 기억 회상으로 자신을 탐색하고 자기수용을 촉진시킨다.
• 작업을 통해 자신감과 자기표현력 증진시킨다.
• 성취감과 만족감을 고취한다. • 소근육 운동과 시지각 협응력을 향상시킨다.</td></tr>
<tr><td>준 비 물</td><td colspan="3">지난 회기 작품, 마분지(저고리 모양), 색한지, 실, 바늘, 가위, 양면테이프, 풀, 음악</td></tr>
<tr><td colspan="4">진 행 과 정</td></tr>
<tr><td>준비 과정</td><td colspan="3">프로그램 진행 전 참여자들의 행동을 살피고 욕구를 파악한다.</td></tr>
<tr><td>활동내용</td><td colspan="3">• 도입
이완 작업: 신체놀이(스트레칭과 서로 안마해 주기)
① 움직임을 통해 에너지 활성을 돕고 경직을 풀어주는 시간을 가진다.
② 일주일간 지낸 이야기를 나누어 본다.

• 실행: 한복 만들기
① 한복과 관련한 추억들에 대해 이야기를 나누어 본다.
② 추억 속의 한복이나 입고 싶은 한복에 대한 이야기를 나누어 본다.
③ 저고리 모양의 마분지 틀에 자신들이 마음에 드는 한지를 선택하여 꾸며 준다.
④ 지난 시간에 그린 고향집 풍경 그림을 펼쳐 상단을 실로 감침질한 후 당겨 주어 한복의 치마를 만든다.
⑤ 저고리와 치마를 양면테이프를 활용하여 붙인 뒤 한복을 완성한다.

• 마무리: 생각 나눔 시간
① 한복을 만들면서 어떤 기분이 들었는지 이야기 나눈다.
② 완성된 한복을 보며 드는 생각에 대해 이야기 나누는 시간을 가진다.</td></tr>
</table>

<table>
<tr><td>관찰
및 평가</td><td>본 활동 시작 전, 이완 작업으로 스트레칭과 안마하기 활동을 하였다. 스트레칭을 통해 참여자들은 자신의 신체 에너지를 느끼고 집중할 수 있었고, 서로 안마를 해 주면서 자연스러운 신체접촉을 통해 친밀감 형성을 할 수 있었다. 특히 참여자들은 안마를 받으며 '시원하다', '호강하고 있는 것 같다'라고 서로에게 피드백함으로써 긍정적인 관계 맺기를 하는 모습을 보였다.

본 활동 시작 후, 한복 저고리가 그려진 마분지를 참여자들에게 나누어 주자 색한지를 탐색하며 저고리 색, 깃과 고름의 색을 자유롭게 선택하였고 한복에 대한 추억들을 떠올리며 이야기하기 시작하였다.

참여자들은 어린 시절 엄마가 만들어 주신 한복에 얽힌 사연이나 명절에 입었던 한복에 대해 이야기를 하였고, 자신이 결혼할 때 입었던 한복의 색감과 그때의 기분에 대해 회상하기도 하였다. 평양이 고향인 분들은 한복을 입고 다녔던 학교생활과 축제와 비슷한 행사 때 단체로 한복을 입고 공연을 한 기억들을 공유하기도 하였다. 참여자들은 한복과 관련된 어린 시절의 일들 회상하며 즐거워하였고 이로써 더욱 활동에 집중하는 모습을 보였다.

저고리를 만든 후, 지난 시간에 고향집 풍경을 그려 놓은 화선지의 윗부분을 바늘로 감침질하고 끝부분을 당겨 주름을 만든 뒤 치마를 완성하였다. 참여자들이 바느질을 매우 능숙하게 하는 모습을 관찰할 수 있었고 이에 대해 치료사가 긍정적으로 피드백하자 더욱 열심히 작업하는 모습을 보였다. 한 참여자는 바느질하면서 "정말 한복을 짓는 것 같네."라고 말하였고, 다른 참여자는 자신의 어린 시절 생각이 너무나 많이 난다고 말하며 "이 한복을 상자에 넣어 오래 보관하고 싶다."라고 말함으로써 작품에 애착을 보이기도 하였다.

활동 후, 완성된 한복 작품을 모아 전시를 한 후 함께 감상하고 느낀 점에 대해 나누는 시간을 가졌다. 이때 참여자들은 서로의 작품을 본 후 "너무 곱고 예쁘네."라며 긍정적인 표현으로 칭찬과 지지를 하였고 어떤 참여자는 옛 생각이 나서 좋았다는 피드백을 하기도 하였다.

이번 회기는 지난 시간의 고향집 풍경 그리기활동과 연결하여 추억을 회상하는 시간을 가짐으로써 자신의 경험과 감정을 적극적으로 탐색하고 자기수용을 할 수 있는 기회를 가진 것으로 보인다. 더불어 참여자들에게 익숙한 바느질 활동을 포함한 작품활동이 자신감과 성취감을 향상시키는 데 영향을 준 것으로 보인다.</td></tr>
<tr><td>향후 계획</td><td>지난 회기와 본 회기에서 참여자들은 옛 기억의 회상을 통해 공감대를 형성하고 친밀감을 느끼며 긍정적인 관계 형성을 하였다.

다음 회기에는 색습자지를 이용하여 감정의 발산 및 정화를 경험하고 사회적 관계 형성을 좀 더 적극적으로 함으로써 긍정적 자아개념 확립을 할 수 있도록 한다.</td></tr>
</table>

모자 집단 프로그램

05

1 엄마와 함께 마음잇기(모자 관계질 향상)

집단프로그램 계획서

1. 프로그램 명칭

엄마와 함께 마음잇기

2. 프로그램 목적 및 목표

1) 프로그램의 목적

모와 자녀 집단을 대상으로 다양한 미술 매체와 유희적인 신체활동을 통해 부정적 감정의 순화를 돕고, 집단관계 속에서 자신의 긍정적, 부정적 감정을 적절하게 표현하는 자기조절력을 증진시킨다. 또한 모와 자녀가 프로그램을 경험하면서 서로를 이해하고 그 경험의 본질이 무엇인가를 탐색하여 관계의 질을 높이는 데 그 목적이 있다.

2) 프로그램의 목표

- 양육적 환경을 경험하고, 모와 자녀의 관계 질을 향상시킨다.
- 부정적 감정의 순화를 통한 심리적 안정을 갖는다.
- 긍정적 자기인식을 한다.
- 자신감, 성취감을 갖고 사회성 향상을 돕는다.

3. 프로그램 대상 및 일정

① 대상: 모-자녀 집단(4집단)

② 참가인원: 8명

③ 기간: 20**년 *월 **일 ~ 20**년 *월 **일(주 1회 90분씩, 총 8회기)

④ 장소: ○○복지관 가족치료실

4. 프로그램

회기	주제	구체적 목표	프로그램 진행내용
1	여행의 시작	• 프로그램 흥미 유발하기 • 신뢰감 형성하기 • 친밀감 형성하기 • 안전한 환경 구축하기 • 모-자가 상호 작용하는 체계형태 및 역동성 탐색하기	① 첫 인사 나누기: 자신이 집단에서 불리 우고 싶은 별칭을 만들고 엄마와 자녀가 서로의 별칭을 소개하며 서로의 감정을 알아보고 의미를 전달하는 시간을 가짐. ② 프로그램의 목적 소개하기: 진행자가 인사를 하고 프로그램의 목적과 의미에 대해 나누기 ③ 프로그램 규칙 말하기 ④ 활동하기: 색으로 만나요. ⑤ 감정 나누기 후 마무리
2	친해져요	• 프로그램 흥미 유발하기 • 신뢰감 형성하기 • 친밀감 형성하기 • 안전한 환경 구축하기 • 모-자가 상호 작용하는 체계형태 및 역동성 탐색하기	① 인사 나누기 ② 지난 회기 연결하기 ③ 프로그램 소개하기 ④ 활동하기: 색 풍선을 이용해 부적감정 표출하기 ⑤ 다양한 감정의 색을 선택하고 표현하여 나의 마음속에 있는 부정적 감정을 정화하기 ⑥ 감정 나누기 후 마무리

회기	주제	구체적 목표	프로그램 진행내용
3	내 마음은 이랬어요	• 가족구조를 이해하도록 돕고 자신의 역할을 인식하기 • 모-자 서로의 상처를 이해하고 반영과 공감하기 • 상호 작용 촉진하기 • 신뢰와 친밀감 형성하기 • 안전한 환경 구축하기	① 인사 나누기 ② 지난 회기 연결하기 ③ 프로그램 소개하기 ④ 활동하기: 색습자지를 이용하여 부정적인 감정(비)을 표현하기 ⑤ 다양한 감정의 색을 선택하고 표현하여 나의 마음속에 있는 부정적 감정을 정화하기 ⑥ 감정 나누기 후 마무리
4	분노 날리기	• 내재된 분노 표출하기 • 모-자 서로의 상처를 이해하고 반영과 공감하기 • 상호 작용 촉진하기 • 신뢰와 친밀감 형성하기 • 안전한 환경 구축하기	① 인사 나누기 ② 지난 회기 연결하기 ③ 프로그램 소개하기 ④ 활동하기: 신체로 그림그리기(전분 그림) ⑤ 다양한 감정의 색을 선택하고 표현하여 나의 마음속에 있는 부정적 감정을 정화하기 ⑥ 감정 나누기 후 마무리
※ 5	내 마음속으로 초대할게요	• 모-자 서로의 안전 기지를 경험하고 공감하기 • 서로의 의견을 존중하고 수용하기 • 기능적인 상호 작용하기 • 모-자 간 친밀감 향상시키기	① 인사 나누기 ② 지난 회기 연결하기 ③ 프로그램 소개하기 ④ 활동하기: 색테이프를 이용해 '안전한 공간'을 만들고 자발적으로 함께하려는 것에 대해 자유롭게 선택하여 표현하기(개별작업) ⑤ 소통하는 다리를 연결하여 안전한 공간에 구성원을 초대하기 ⑥ 감정 나누기 후 마무리

회기	주제	구체적 목표	프로그램 진행내용
6	함께 만들어 가요	• 서로의 의견을 존중하고 수용하기 • 기능적인 상호 작용하기 • 모–자 간 친밀감 향상시키기 • 안정된 애착관계 형성하기	① 인사 나누기 ② 지난 회기 연결하기 ③ 프로그램 소개하기 ④ 활동하기: 색테이프를 이용해 '우리 가족이 꿈꾸는 세상'을 모–자가 함께 만들고 자발적으로 함께하려는 것에 대해 자유롭게 선택하여 표현하기(모–자 작업) ⑤ 소통하는 다리를 연결하여 안전한 공간에 구성원을 초대하기 ⑥ 감정 나누기 후 마무리
7	이제는 행복 해져요	• 가족의 목표나 개인의 계획을 구성하고 수행하기 위해 협력하고 성장하기 • 안정된 애착관계 형성하기 • 기능적인 상호 작용 확립하기 • 긍정적 변화 일반화하기	① 인사 나누기 ② 지난 회기 연결하기 ③ 프로그램 소개하기 ④ 활동하기: 엄마와 아동이 손을 맞잡고 손 석고 뜨기 ⑤ 완성된 석고를 보며 느낀 점을 나누기 ⑥ 마지막 우리들의 파티 ⑦ 감정 나누기 후 마무리
8	마지막 파티	• 안전한 종결하기 • 안정된 애착관계 형성하기 • 기능적인 상호 작용 확립하기 • 긍정적 변화 일반화하기	① 인사 나누기 ② 지난 회기 연결하기 ③ 프로그램 소개하기 ④ 활동하기: 손석고 액자 만들기, 전시 후 파티 하기 ⑤ 완성된 석고를 보며 느낀 점을 나누기 ⑥ 마지막 우리들의 파티 ⑦ 감정 나누기 후 마무리

※ 5회기 프로그램 회기 보고서를 예로 제시

프로그램 회기 보고서

프로그램명	모와 자녀가 함께하는 시간		
일 시	20**년 *월 **일 / 2:00 ~ 3:30	장 소	가족치료실
회 기	5회기	치료 단계	탐색 단계
참 여 자	사랑이, 사랑이 母(모), 튼튼이, 튼튼이 母(모), 소망이, 소망이 母(모), 행복이, 행복이 母(모) (4가족)	결 석 자	없음
회기주제	내 마음속으로 초대할게요(색테이프 활동)		
목 표	• 모와 자녀 내면의 어려움과 불안을 탐색하기 • 모와 자녀 간 안전 기지(정서적 안정)를 경험하고 공감하기 • 서로의 의견을 존중하고 수용하는 기능적인 상호 작용하기 • 모–자 간 친밀감 향상시키기		
준 비 물	색테이프(전기절연테이프), 가위		
진 행 과 정			
준비 과정	프로그램 진행 전 참여자들의 행동을 살피고 욕구를 파악한다.		
활동내용	• 프로그램명: 내 마음속으로 초대할게요 ① 인사 나누기 ② 지난 회기 연결하기 ③ 모–자녀 서로 칭찬하기: 한 주 동안 서로의 모습을 관찰하여 칭찬하고 지지하는 시간 갖기 ④ 오늘의 프로그램을 소개하기 ⑤ 활동하기: 색테이프를 이용해 '안전한 공간, 우리 나라' 건설하기 색테이프를 이용하여 모–자녀가 자발적으로 함께 만들고 싶은 것에 대해 나누고 자유롭게 선택하여 표현하기 ⑥ 자신의 나라를 건설한 뒤 소통하는 다리를 연결하여 안전한 공간에 구성원을 초대하기 ⑦ 감정 나누기 후 마무리 ⑧ 모–자녀만의 감정책 기록하기		

관찰 및 평가	• 사랑이, 사랑이 母(모) 모-자녀는 테이프를 이용하여 자신이 살고 싶은 집을 만들면서 각자의 나라를 개성 있게 표현함. 아동이 제일 크게 공간을 차지하며 사다리 모양을 만들어 놓고 '놀이공원'이라고 표현함. 어머니는 아동의 의견에 따라 놀이공원에 있을 만한 기구를 표현하심. 하지만 아동은 어머니의 활동을 지켜보며 자신의 마음에 들지 않은지 지속적으로 불만을 표현함. 그러자 어머니는 자신이 왜 그렇게 표현했는지에 대해 아동에게 차근차근 설명하는 태도를 보이자 아동은 떼를 쓰거나 투덜거림을 멈추고 수용적인 모습이 보임. 그런 아동의 모습에 어머니는 적극적인 지지와 함께 아동이 표현한 집 위에서 자신이 놀이기구가 되어 아동을 안아 좌우로 흔들면서 자연스러운 스킨십을 하심. 아동이 즐거워하자 어머니 또한 지속적으로 아동과 놀이를 하고 소통하며 자신의 나라를 건설해 나감. • 튼튼이, 튼튼이 母(모) 나라를 크게 나타내고 그 안에 여러 개의 마을을 나눠 꾸며 나가기 시작함. 나눠진 첫 번째 마을에는 나무를 가득히 표현하고 두 번째 마을에는 누울 수 있는 공간을 표현함. 어머니가 아동의 공간에 침범하여 색테이프를 붙이려고 하자 아동은 강하게 소리치며 제지하였고, 그런 아동의 행동에 대해 어머니가 이유를 묻기 시작하는 등 모-자간 충돌하고 갈등의 모습을 보임. 침묵이 흐른 뒤 어머니가 아동에게 다가가 함께 의견을 나누고 해결책을 찾도록 하자 아동은 처음에는 어색해 하며 있다가 자연스럽게 재료와 공간사용에 대해 이야기하는 배려와 소통의 모습을 보임. 어머니는 평소 아동과 대화로 갈등을 해결하기보다는 원하는 것을 다 들어주는 수용적, 회피적 태도로 인해 아동은 잘못된 요구의 방식(떼쓰기, 짜증 내기, 울기, 소리 지르기)이 학습되어진 것으로 보여짐. 활동 후반에는 어머니와 아동이 서로의 의견을 묻고 매체를 사용하며 공간사용하는 모습이 관찰되었고 서로의 감정을 나누는 등 화합의 모습을 보임. • 소망이, 소망이 母(모) 아동이 먼저 어머니에게 우리 가족은 어떤 세상을 원하는지에 대해 묻자 어머니는 아동에게 다시 되물었고 자연스럽게 자신의 의견을 교환하며 원활하게 소통함. 특히 어머니는 아동의 다소 엉뚱하고 창의적인 발언에 대해 초기 무반응적인 모습에 비해 박수를 치며 웃어주고 아동을 지지하는 발언과 행동을 보이심. 그런 어머니의 모습에 아동은 이전에 볼 수 없었던 "사랑한다. 행복하다."라는 말을 자주 하면서 잦은 스킨십을 하는 모습이 관찰됨.

관찰 및 평가	• 행복이, 행복이 母(모) 아동은 지난 회기에 비해 밝은 모습으로 활동에 임하였고 어머니 또한 아동과 함께하려는 적극적인 모습을 보이심. 하지만 여전히 아동의 행동에 불안해하시며 제재하려는 모습을 보이시나 지난 회기에 비해 아동의 이야기를 들어주려 노력하고 치료사에게 양육방법에 대해 지속적으로 물으며 자신의 양육태도에 대해 수정하려는 의지가 보이심. 특히 아동은 활동 중에 어머니와의 놀이를 통해 양보와 배려를 배우고 기다리고 진솔하게 감정을 표현하는 모습을 보임. 더불어 어머니와 자녀 간 약속에 대해 지키고 실천하려는 노력을 보이며 그런 모습을 지켜보던 어머니는 눈시울을 붉히며 아동을 기다려주지 못하고 나무라기만 했던 자신의 모습에 대해 또 한 번 반성이 된다는 말을 전하심.
향후 계획	• 이전 회기에 비해 모-자녀 간 원활하게 소통하는 모습이 관찰됨. 간헐적으로 충돌하는 모습도 있었으나 이내 곧 해결책을 찾고 서로의 감정에 대해 표현하는 모습이 관찰됨. • 부모교육의 필요성과 향후 다양한 집단프로그램의 경험으로 자주 아이와 함께하는 시간을 가지는 것을 권장함. 또한 아이들의 지속적인 개별 심리치료 개입 또한 필요할 것으로 보여짐.

가족 치료 프로그램

06

1 행복한 우리 가족(불안정 애착아동 가족성장)

집단프로그램 계획서

1. 프로그램 명칭

행복한 우리 가족

2. 프로그램 목적 및 목표

1) 프로그램의 목적

불안정 애착아동을 둔 가족을 대상으로 미술치료를 통하여 가족 간 보고 듣고 느끼고 경험한 것을 자연스럽게 표현할 수 있도록 돕고, 가족들이 서로 교제할 기회를 가질 수 있게 하여 안정된 애착의 재경험의 기회를 가진다. 특히 안정된 치료환경에서 가족의 주된 문제점을 인식하여 통찰하는 가운데 새로운 가족의 역할과 의사소통 양식을 연습하여 가족관계의 긍정적인 변화와 성장을 돕는다.

2) 프로그램의 목표

- 가족의 당면 문제에 대해 구체적으로 인식하고 상호 존중하는 의사소통으로 문제 해결방법을 습득한다.
- 갈등이 있는 부부의 주된 문제점을 인식하고 통찰할 수 있는 기회를 제공한다.
- 자신감과 가족 성장의 기회를 제공하고 안정애착의 재경험을 한다.

3. 프로그램 대상 및 일정

① 대상: 불안정 애착아동을 둔 가족

② 참가인원: 3명(부, 모, 자녀1)

③ 기간: 20**년 *월 **일 ~ 20**년 *월 *일(주 1회 100분씩, 총 12회기)

④ 장소: ○○심리발달센터

4. 프로그램

회기	주제	구체적 목표	프로그램 진행내용
1	초기단계	• 가족구성원의 특성 및 역동성 파악	• 가족체계진단으로 비언어적인 상태에서 가족들이 다 함께 자유롭게 표현하기
2		• 가족구성원의 특성 및 역동성 상호 작용 탐색	• 가족체계진단으로 언어로 가족들이 다 함께 자유롭게 표현하기
3		• 가족의 모습을 관찰하고 탐색하기	• 개인이 기억하는 애착의 경험표현, 그림 돌려가며 나타내기
※ 4		• 가족구조를 이해하도록 돕고 자신의 역할 인식 및 상호 작용	• 현재 가족의 이미지를 조각하여 표현하기
5	중기단계 1	• 가족구조를 이해하도록 돕고 자신의 역할의 인식 및 상호 작용	• 가족의 과거 경험을 듣고 감정을 표현하기(나의 행복, 나의 슬픔)
6		• 가족구조를 이해하도록 돕고 자신의 역할의 인식 및 상호 작용	• 가족 이미지 맵 – 가족의 소망과 현재 감정을 표현하여 이미지 맵 만들기
7		• 가족구성원의 의견을 존중하고 서로 화합, 이해 수용	• 나의 쉴 곳, 안정된 공간 표현하기

회기	주제	구체적 목표	프로그램 진행내용
8	중기단계2	• 가족구성원의 의견을 존중하고 서로 화합, 이해 수용	• 가족 협동화
9		• 가족구성원의 의견을 존중하고 서로 화합, 이해 수용	• 가족의 약속을 정하고 약속을 상징하는 상징물을 만들기 1
10		• 상호 존중하는 방법을 습득하고 협동심을 키우며 자신의 역할이나 가족관계 방식을 이해	• 가족의 약속을 정하고 약속을 상징하는 상징물을 만들기 2
11	종결단계	• 가족애착과 가족기능을 향상, 긍정적 변화 일반화하기	• 장기목표 설정을 위해 가족들이 미래의 가족들의 이미지를 표현하고 만들기, 우리 가족의 미래나무
12		• 안정된 종결	• 서로에게 응원하고 선물하기, 가족 전시회

※ 4회기 프로그램 회기 보고서를 예로 제시

프로그램 회기 보고서

<table>
<tr><td>프로그램명</td><td colspan="3">행복한 우리 가족</td></tr>
<tr><td>일 시</td><td>20**년 *월 *일 / 16:00~17:40</td><td>장 소</td><td>집단치료실</td></tr>
<tr><td>회 기</td><td>4회기</td><td>치료 단계</td><td>탐색 단계</td></tr>
<tr><td>참 여 자</td><td>해바라기 가족(부, 모, 대상 아동)</td><td>결 석 자</td><td>없음</td></tr>
<tr><td>회기주제</td><td colspan="3">내 마음속으로 초대할게요(색테이프 활동)</td></tr>
<tr><td>목 표</td><td colspan="3">가족의 모습을 관찰하고 탐색하기</td></tr>
<tr><td>준 비 물</td><td colspan="3">색찰흙, 8절·4절 도화지</td></tr>
<tr><td colspan="4">진 행 과 정</td></tr>
<tr><td>준비 과정</td><td colspan="3">지난 회기 진행 후 감정을 나누고 참여자 욕구 파악하기</td></tr>
<tr><td>활동내용</td><td colspan="3">• 인사
지난 일주일 동안 있었던 일과 지난 날의 감정 다루기

• warm up: 서로 마주 보고 별칭을 부르며 지난 회기 연결
집단에서 지켜야 할 약속과 규칙에 대해 인식하고 지난 시간 활동에 대해 이야기 나누기, 자연스럽게 지난 회기 연결하기, 이번 회기 가족에 대해 관심을 갖고 이야기 나누기

• 오늘의 활동: 현재 가족의 이미지를 조각하여 표현하기
– 오늘 활동에 대한 소개, 활동하는 의미 알기 및 지켜야 할 사항 고지하기
– 매체 탐색하는 시간 가지기
– 자신이 생각하는 가족의 이미지를 조각하여 표현하기

• 오늘 활동에 대해 나누기
활동에 대해 이야기를 나누고 감정을 다루기

• 마무리
주변 정리 및 인사</td></tr>
</table>

<table>
<tr>
<td rowspan="2">관찰
및 평가</td>
<td>

• 해바라기(아동)

마음열기 시간에 아동은 일주일이 너무 힘들었다는 말을 함. 이유를 묻자 "엄마는 너무 공부만 해라고 해서…."라며 엄마의 눈치를 보며 이야기하다 엄마가 "그건 **이가 너무 공부를 안 하잖아."하자 "그건 엄마의 생각이잖아. 난 너무 힘들다고!!"라는 말을 함. 그러자 엄마는 한숨을 크게 쉬며 아동을 한동안 쳐다 봄. 오늘 주제에 대해 치료사가 이야기하자 아동은 앉은 자리에서 엉덩이를 들썩이며 "빨리하고 싶어요."라며 흥미를 가짐. 아동이 검은색 큰 화지를 선택하여 제일 먼저 점토를 가지고 만들기 시작하자 엄마와 아빠는 한동안 아동의 모습을 지켜보다 만들기 시작함. 아동이 자신의 것을 만드는 것에 집중하다 시간이 지나자 아빠가 만드는 것을 보며 "이게 뭐야?"라고 묻자 아빠가 대답하기 전에 엄마는 "너꺼나 만들어~."라고 하자 아동은 이내 다시 자신의 것을 만들기 시작함.

엄마가 아동의 작품을 보며 "(아동이 만든 사람을 가리키며) 파마한 것 같다."라고 하자 "아니거든?"이라고 대답하며 아동은 회기가 거듭될수록 자신의 언어로 정확하게 내재되었던 감정을 표출하는 모습이 관찰됨. 향후 엄마는 이런 아동의 모습에 요즘 반항을 많이 한다고 표현함. 아동이 만드는 것마다 아동에게 무얼 만드는지 계속 묻기도 하고 무얼 만들었는지 직접 의사를 묻기도 전에 어머니 자신의 생각을 먼저 이야기하는 성급함을 계속 보임("뭐 만들어?" 아동이 점토를 섞어 색을 만들려고 하자 "무슨 색 만들게?" 아동이 자신이 신은 운동화에 무언가를 달자 "너 축구화에 넘어지지 말라고 하는 그거 만들려는 거 맞지?") 아동은 활동에 집중하며 큰 화지에 두 사람을 만든 후 이어서 달팽이 두 마리를 만듦. 그 뒤에 '민달팽이'라며 엄마, 아빠에게 하나씩 나눠 주며 "선물이야."라고 함. 그러자 엄마는 "왜 민달팽이야? 민달팽이는 집이 없잖아."라고 말하자 아동은 "응, 맞아."라고 말한 후 더 이상 말을 하지 않음. 그리고 엄마는 아동이 표현한 두 사람을 한동안 지켜보다 "**아, 우리 가족 만드는 거 맞지?"라며 물어 봄. 아동이 "그렇다."라고 하자 무언가를 느끼듯 한참을 바라보며 침묵을 유지함.

</td>
</tr>
<tr>
<td>

• 아버지

치료사가 아버지에게 안부 인사를 전하자 아버지가 잠시 뜸들이자 어머니는 바로 "오빠~ 부르잖아~!"라며 공격적인 말투로 남편을 바라 봄. 그제서야 아버지가 치료사에게 인사를 전함. 매체를 선택할 때 아동과 함께 검은색 화지를 선택하며 한동안 아동이 만드는 것을 바라보고 있음. 시간이 조금 지난 후 점토를 들어 만들기 시작함.

나누기 시간에 자신이 만든 것을 한동안 바라보며 "주인공은 해바라기구요. 텐트 안에서 쉬면서 인라인도 타고 자전거도 타는 모습이에요. 저랑 해바라기 엄마도 만들어야 하는데…. (침묵) **와 이렇게 놀아줘야 하는데…."

</td>
</tr>
</table>

<table>
<tr><td rowspan="2">관찰
및 평가</td><td>아버지의 감정을 읽어 주고 다루며 기분에 대해 묻자 "여기에 나와 애기 엄마가 없어도 이렇게 놀게 해 주니 만족해요. 다음에 시간이 된다면 텐트 안에 세 가족이 있는 것을 만들어 보고 싶네요." 감정 나누기 시간에는 "요즘 들어서 이렇게 시간을 내는 것이 힘들어도 좋아요. **에게 너무 놀아주지 못해서 미안했는데, 이제는 마음이 좀 나아지네요." 아내가 남편의 그림을 보고 빈 공간을 가리키며 "**이가 지켜보는 여기 앞에 남편이랑 함께 배드민턴을 치고 싶네요."</td></tr>
<tr><td>• 어머니
치료사의 질문에 쉽게 대답하지 못하고 뜸을 들이는 남편에 대해 답답해하며 대신 대답을 하려 하거나 치료사의 질문을 자신만의 언어로 나타내어 남편에게 공격적인 태도를 간헐적으로 드러냄("오빠~ 지금 오빠보고 이야기하잖아. 오빠, 그 말이 아니잖아~!").
(치료사의 개입: 이러한 어머니의 태도에 치료사가 즉각적으로 어머니의 감정에 대해 반영하며 반응을 하였고 사람마다 반응하는 시간이 다름에 대해 짧게 나눔)
어머니는 남편과 아동이 선택한 검은 화지를 선택하지 않고 흰색 화지를 선택하여 표현하기 시작함. 완성된 작품을 보며 "항상 함께하지 못하고, 특히 인라인을 좋아하는데…. 그래서 한 번은 함께 해 주고 싶은…(잠시 침묵)." 그러자 아동이 바로 "너무 좋을 것 같아! 정말!"이라고 반응하자 아동을 바라보며 "**가 너무 기쁠 것 같아요."라며 말을 이어 나감. "항상 아빠랑 **이만 나가 있고, 전 참여를 안했거든요." 아동이 다시 "엄마 가슴에 하트는 뭐야?"라고 묻자 "우리 가족 커플티야. 이렇게 입고 나가면 좋을 것 같아."

나누기 시간에 남편이 아내의 그림을 보며 "좀 더 넓었으면… 너무 공간이 없어서 인라인을 타기 답답해 보여요. 어딜 갈 수가 없는…. 그래도 천사 엄마가 함께 한다는 게 좋네요. 정말 이렇게 함께했으면 좋겠어요."라는 피드백을 함. 어머니는 감정 나누기 시간에 "힘든 시간 지나면서… (울음) 표현이… 제가 무뚝뚝한 편인데…. 지난 시간도 그랬지만 이번 시간에 하면서 제가 더 적극적으로 표현해줘야겠다. 그런 생각…." 치료사가 어머니의 감정을 다룬 뒤 어머니가 만든 가족의 등장 순서에 따라 변화된 점을 언급하자(항상 마지막에 남편을 등장시키거나 나타낸 점. 하지만 이번엔 아동에 이어 아버지가 두 번째 등장) 고개를 끄덕이며 ("맞아요…. 저도 느꼈어요.") 더 크게 울음.</td></tr>
<tr><td>향후 계획</td><td>• 적대적인 감정, 행동, 부정적인 사고를 지니고 있는 구성원이 서로를 이해하고 앞으로의 활동에 흥미를 가지고 참여할 수 있도록 서로의 욕구에 대해 더 알아보며 적정한 거리(심리적 안전거리)를 유지하면서 라포형성이 될 수 있도록 한다.
• 가족 구조를 이해하도록 돕고 자신의 역할의 인식 및 기능적인 상호 작용을 촉진할 수 있도록 돕는다.</td></tr>
</table>

참 고 문 헌

김미진, 이근매(2015). 미술치료의 치료적 요인별 효과적인 미술 매체에 관한 질적 연구: 전문가 인터뷰를 중심으로, **미술치료연구, 22**(4), 1085-1110.

김선현(2015). **임상미술치료의 이해**. 서울: 학지사.

김예슬(2016). 이마고 부부관계치료를 병행한 가족미술치료가 불안정애착아 가족의 가족관계 질에 미치는 효과. 명지대학교 대학원 박사학위 논문.

김재은, 이근후, 김정규, 박영숙(1991). **이화방어기제검사 실시요강**. 서울: 하나의학사.

김정규(1997). **게슈탈트 심리치료**. 서울: 학지사.

남정현(2012), 집단미술치료의 치료요인 척도 개발, **미술치료연구, 19**(3), 485-500.

영남대학교 미술치료연구회(2011). **미술치료학 개론**. 서울: 학지사.

옥금자(2007). **집단미술치료방법론 I 이론과 기법**. 서울: 하나의학사.

이경숙(2014). **상담심리학**. 서울: 동문사.

이근매, 최인혁(2008). **매체경험을 통한 미술치료의 실제**. 서울: 시그마프레스.

이부영(2007). **분석심리학: C. G. Jung의 인간심성론**. 서울: 일조각.

이부영(2014). **분석심리학 이야기**. 서울: 집문당.

이유경(2005). '예술치료'에 관한 분석심리학적 이해 - '무의식'의 치유적 기능을 고려하여. **월례학술발표회, 38**, 1-10.

이죽내(2011). 융의 분석심리학적 심리치료 개관. **가족과 상담, 1**(1), 41-70.

이창재(2016). **프로이트와의 대화**. 서울: 학지사.

이형득(1997). **상담이론**. 서울: 교육과학사.

장성화 외(2016). **상담심리학 이론과 실제**. 경기: 정민사.

천성문, 김정남, 박순득, 박원모, 배정우, 이영순(2006). **상담심리학의 이론과 실제**. 서울: 학지사.

천성문, 이영숙, 박명숙, 이동훈, 함경애(2016). **상담심리학의 이론과 실제**. 서울: 학지사.

최선남, 전종국(1997). 집단미술치료의 치료적 요인에 관한 연구: 청소년 동료집단을 중심으로, **미술치료연구, 4**(2), 161-174.

황성원, 김경희, 오승아, 조현주, 권정임(2010). **아동심리와 상담**. 서울: 창지사.

Bohm-Duchen, M. (2002). *The Private Life of a masterpiece*. **두첸의 세계명화비밀탐사**, 이현우 역, 서울: 생각의 나무.

Bowlby, J. (1988). *A Secure Base: Parent-child Attachment and Healthy Human Development.* N.Y.: Basic Books.

Bretherton, I., & Beeghly, M. (1982). Talking about internal states: The acquisition of an explicit theory on mind. *Developmental Psychology, 18*(6), 906–921.

Clark, D. A., Beck, A. T., & Alford, B. A. (1999). *Scientific Foundations of Cognitive Theory and Therapy of Depression.* N.Y.: Wiley.

Colby Pearce (2011). **애착장애의 이해와 치료**. 이민희 역. 서울: 시그마프레스.

Corey, G. (2008). **심리상담과 치료의 이론과 실제**. 조현춘, 조현재 공역. 서울: 시그마프레스.

Kraus, W. (1996). *Die Heilkraft des Malens: Einführung in die Kunsttherapie.* München, Beck.

Rogers, C. R. (1977). *Carl Rogers on Personal Power.* N.Y.: Delacorte Press.

Ulman, E. (1961). Art Therapy: Problems of Definition. *Bulletin of Art therapy, 1*(2), 10-20.

Wright, J. H., Beck, A. T., & Thase, M. (2003). *Cognitive therapy, in Textbook of Clinical Psychiatry* (4th ed., pp. 1245–1284). In Hales, R. E., & Yudofsky, S. C. (Eds.) Washington D.C.: American Psychiatric Publishing.

Wright. J. H., Basco. M. R., & Thase. M. E. (2006). *Learning Cognitive-Behavior Therapy,* **인지행동치료**. 김정민 역(2009). 서울: 학지사.

Yalom, I. D. (1985). *The Theory and practice of Group Psychotherapy* (3rd ed.). N.Y.: Basic Books.

– 저 자 소 개 –

김 예 슬

명지대학교 대학원 아동학(아동·가족심리치료 전공) 박사
명지대학교 사회교육대학원 예술치료학(미술치료 전공) 석사
현) 사단법인 참만남가족운동본부 가족상담연구소 소장
가톨릭대학교, 신경대학교, 명지대학교 사회교육원 외래교수

박 성 매

명지대학교 대학원 아동학(아동·가족심리치료 전공) 박사수료
명지대학교 사회교육대학원 예술치료학(표현예술치료 전공) 석사
현) 건강한 맘 연구소 소장

오 소 정

명지대학교 대학원 아동학(아동·가족심리치료 전공) 박사
명지대학교 사회교육대학원 예술치료학(미술치료 전공) 석사
현) 나무심리발달센터 소장 / 바라봄 심리상담연구소 소장
명지대학교 객원교수, 명지대학교 사회교육원 상담과 지도교수

조 연 수

명지대학교 대학원 아동학(아동·가족심리치료 전공) 박사
명지대학교 사회교육대학원 예술치료학(미술치료 전공) 석사
이화여자대학교 대학원 도예과 미술학 석사
현) 심리상담센터 한점미소 / 한국점토미술심리연구소 소장
인덕대학교 겸임교수

(저자는 가나다순입니다)

두드리면 열리는

미술치료

초판 1쇄 발행 2017년 8월 28일
초판 2쇄 발행 2020년 4월 13일

지 은 이 | 김예슬 · 박성매 · 오소정 · 조연수
펴 낸 이 | 김기섭
편 집 인 | 강보영
펴 낸 곳 | 창지사 www.changjisa.com
08589 서울시 금천구 가산디지털 1로 83 파트너스타워 1차 9층
전화 (02)719-2211~3
팩스 (02)701-9386
등 록 | 1977년 4월 28일 · 제1-421호

ISBN 978-89-426-0957-4 (93370)

값 20,000원

이 도서의 국립중앙도서관 출판예정도서목록(CIP)은 서지정보유통지원시스템 홈페이지(http://seoji.nl.go.kr)와 국가자료공동목록시스템(http://www.nl.go.kr/kolisnet)에서 이용하실 수 있습니다.(CIP제어번호: CIP2017020998)